30 x DaZ für 45 Minuten

Nina Wilkening

Fertige Stunden für Deutsch als Zweitsprache

Klasse 1/2

Verlag an der Ruhr

Impressum

Titel
30 x DaZ für 45 Minuten – Klasse 1/2
Fertige Stunden für Deutsch als Zweitsprache

Autorin
Nina Wilkening

Umschlagmotiv
© cirodelia – Fotolia.com; Uhr-Icon, Notizzettel: © Verlag an der Ruhr

Layout
Melanie Reich, ideenreich

Druck
Heenemann GmbH & Co. KG, Berlin, DE

Geeignet für die Klassen 1–2

1. Auflage, 7. Druck 2025
ISBN 978-3-8346-2736-0

Inhaltsverzeichnis

Inhaltsverzeichnis

Vorwort

Liebe Leser*,

Deutsch als Zweitsprache zu unterrichten, ist eine spannende Aufgabe. Die individuelle und oft sehr **heterogene Zusammensetzung der Gruppe** aus Kindern mit geringen Deutschkenntnissen, Kindern mit mittlerem Sprachniveau und Kindern mit hohem Sprachniveau, die zwar einen ausländischen Pass besitzen, aber in Deutschland geboren sind und hier den Kindergarten besuchten, stellt eine besondere Herausforderung an den Lehrer, der allen (gleichzeitig) gerecht werden möchte.

Andererseits bietet dieser Unterricht wie kaum ein anderer die Möglichkeit, die Schüler besser kennenzulernen und mehr über sie zu erfahren. **Die Kinder und ihre Umwelt stehen thematisch im Mittelpunkt.** Häufig geht es darum, dass sie von eigenen Erfahrungen berichten und sich zu persönlichen Vorlieben und Abneigungen äußern. Die Schüler fühlen sich wertgeschätzt und haben Freude daran, von sich zu berichten.

Handlungsorientierung, spielerisches und ganzheitliches Lernen sind hier möglich und nötig, um Inhalte zu vermitteln und Lernerfolge zu erzielen. Auch trägt beides erheblich dazu bei, dass Schüler gern am Sprachförder- bzw. Deutsch-als-Zweitsprach-Unterricht teilnehmen.

Zum Einsatz des Buches

Das vorliegende Buch bietet mehrere Einsatzmöglichkeiten:

- Sie können **einzelne Stunden oder Mini-Einheiten** auswählen und **ergänzend zu anderen Lehrwerken** und Materialien einsetzen.
- Sie können einzelne Stunden auswählen, wenn Sie spontan zur **Vertretung** eingesetzt wurden. In den meisten Fällen sind keine zusätzlichen Materialien notwendig. Die Kopiervorlagen sind auch innerhalb einer Fünf-Minuten-Pause kopiert und zusammengestellt.
- Unterrichten Sie **fachfremd**, hilft Ihnen die ausführliche Anleitung dabei, die Stunden zu halten, auch ohne das Fach studiert zu haben.
- Unter Zuhilfenahme der **„Weiteren Anregungen"**, die Sie bei der Beschreibung der Mini-Einheiten finden, wird es möglich, **einen Großteil der Stunden abzudecken**, die für die Klassen 1 und 2 bei einem einstündigen Sprachförderunterricht pro Woche anfallen. Die restlichen zur Verfügung stehenden Stunden können Sie beispielsweise zur systematischen Wiederholung oder zur weiteren Vertiefung der Inhalte aus den Mini-Einheiten nutzen.

Zum Aufbau des Buches

In „30 x Deutsch als Zweitsprache für 45 Minuten – Klasse 1/2" finden Sie **für jede Klassenstufe 15 fertig ausgearbeitete Schulstunden**, die Sie in den meisten Fällen sofort durchführen können.

Die Abfolge der Stunden ist so angelegt, dass Sie mit Stunde 1 in der ersten Sprachförderstunde von Klasse 1 beginnen und mit Stunde 30 in der letzten Sprachförderstunde von Klasse 2 enden können. Wie bereits angemerkt, müssen Sie die weiterführenden Ideen zu den jeweiligen Mini-Einheiten beachten und zusätzliche Wiederholungs- und Vertiefungsstunden einbauen, um beide Schuljahre komplett abdecken zu können. Etwa die Hälfte aller Stunden in den Klassen 1 und 2 sind hier aber bereits fertig ausgearbeitet.

Ihre **Vorbereitung** besteht jeweils lediglich darin, den Ablauf durchzulesen und die Kopiervorlagen in angegebener Anzahl zu kopieren. Bei einigen Stunden kommen weitere zusätzliche Vorbereitungen dazu, die aber selten länger als fünf Minuten in Anspruch nehmen sollten (z. B. Karten ausschneiden, Kopiervorlagen größer kopieren). Für ganz wenige Stunden sollten Sie darüber hinaus Zusatzmaterialien zur Veranschaulichung bereitstellen (z. B. Würfel oder Realien, wie Obst und Gemüse).

* Der Verlag an der Ruhr legt großen Wert auf eine geschlechtergerechte und inklusive Sprache. Seit 2019 nutzen wir daher das Gendersternchen oder neutrale Formulierungen, um alle Menschen unabhängig von Geschlecht oder Geschlechtsidentität einzuschließen. In Texten für Schüler*innen finden sich aus didaktischen Gründen neutrale Begriffe bzw. Doppelformen. Titel, wie dieser, die erstmalig vor 2019 erschienen sind, enthalten noch das generische Maskulinum.

Vorwort

Für die **Auswahl der Themen und sprachlichen Inhalte** habe ich mich am **Lehrplan „Deutsch als Zweitsprache"** des Bundeslandes Bayern orientiert, der in nahezu allen anderen Bundesländern als Vorlage dient. Mir war bei der Erstellung der Materialien besonders wichtig, die **Schüler** so oft wie möglich **zum eigenen Sprechen anzuregen**.

In den **Hinweisen zu den Mini-Einheiten** finden Sie neben Angaben zum geübten **Wortschatz, Grammatikthemen** und sonstigen sprachlichen Inhalten einen kurzen **Überblick** über die Einheit und **weiterführende Ideen**, mit denen Sie zusätzliche Stunden füllen können.

Die **Beschreibungen zur jeweiligen Einzelstunde** setzen sich aus folgenden Rubriken zusammen:

- **Thema**
- **Kompetenzerwartungen**
- **Materialliste**/Vorbereitung
- **Stundenverlauf** (zumeist: Einstieg, Arbeitsphase, Abschluss, jeweils mit variablen Zeitangaben)

Hinweis auf **Differenzierungsmöglichkeiten** erhalten Sie im Text.

Im Anschluss an die Stundenbeschreibung finden Sie jeweils meist mehrere **Kopiervorlagen** zum direkten Einsatz. Zum Teil handelt es sich um zwei Kopiervorlagen in unterschiedlichem Schwierigkeitsgrad, wobei * einfachere und ** anspruchsvollere Aufgaben kennzeichnen.

Generelle Hinweise zum Unterrichten des Faches „Deutsch als Zweitsprache"

Prinzipiell sollte man beim Unterrichten des Faches „Deutsch als Zweitsprache" auf Folgendes achten:

- Der Spracherwerb sollte als **interaktiver Wachstumsprozess** verstanden werden. Die Schüler werden ihre Fähigkeiten nur dann ausbauen, wenn sie ins Sprechen mit anderen kommen. Im Unterricht „Deutsch als Zweitsprache" werden daher sehr viele Gelegenheiten gegeben, sich mit anderen verbal auszutauschen. Sprechen geübt wird anhand von Themen, die die Schüler persönlich betreffen, zu denen sie etwas sagen können und wollen.
- Der Spracherwerb selbst ist ein **individueller Prozess**, den die Schüler selbst steuern. Ihnen als Lehrer kommt die Aufgabe zu, vielfältige Sprechanlässe zu bieten und Unterricht so motivierend zu gestalten, dass die Schüler von sich aus Lust auf das Sprechen bekommen und begierig sind, sich weiterzuentwickeln. Die Anstrengungsbereitschaft müssen die Schüler jedoch selbst aufbringen. Individuell ist auch das Tempo, in dem jeder Einzelne seine Fortschritte macht. Während der eine schnell ins Sprechen kommt und viele Fehler macht, wagt der andere nicht, Fehler zu machen, bleibt länger stumm, um dann irgendwann mit weniger Fehlern mit dem Sprechen loszulegen. Der Individualität können Sie nur dadurch Rechnung tragen, dass Sie offene Unterrichtsformen anbieten, bei denen jeder in seinem Tempo und seinen Fähigkeiten entsprechend arbeitet. Differenzierung ist in diesem Fach besonders wichtig, da die Bandbreite in den Gruppen enorm sein kann.
- **Umgang mit Fehlern:** Fehler, die Schüler machen, sollten als **Ausdruck der jeweiligen Interimssprache** angesehen und akzeptiert werden. Sie sollten diese Fehler bemerken, im Stillen analysieren und dann mit Optimierungshilfen (z. B. Wiederholen des richtigen Satzes oder vermehrtem Üben) reagieren. Keinesfalls sollten Sie die Schüler ununterbrochen korrigieren, da Sie dann deren Motivation, zu sprechen, drastisch bremsen würden.
- **Interkulturelles Lernen**: In unserer globalen Welt ist es keine Ausnahme mehr, dass Menschen ihre Heimat verlassen, um woanders zu leben – sei dies nun gewollt oder erzwungen durch Flucht und Vertreibung. Kulturelle Vielfalt wird damit zur gesellschaftlichen Normalität. Und auch Anderssein darf nicht als beängstigend gesehen werden, sondern sollte vielmehr als Normalität und Bereicherung begriffen werden. Die Aufgabe der Schüler besteht darin, ihre eigene Identität zu finden und zu definieren und sie letztendlich verbal auch zum Ausdruck zu bringen. Ihre Aufgabe als Lehrkraft besteht darin, die Schüler zu bestärken, ihnen die Möglichkeit zu geben, sich ihrer Einstellungen und Empfindungen bewusst zu werden,

diese durch den verbalen Austausch mit anderen herauszuarbeiten und für sich anzunehmen. Mehrsprachigkeit sollte nicht als Manko, sondern als Chance verstanden und genutzt werden.

- **Methodische, soziale und mediale Vielfalt** und **lebensnahes Lernen** sind Elemente des Unterrichts „Deutsch als Zweitsprache", die wesentlich dazu beitragen, die Motivation der Schüler zum Sprechen zu erzeugen und aufrechtzuerhalten. Der **zyklische Aufbau der Lernsituationen** führt dazu, dass Wissen wiederholt und gefestigt wird. Geübt werden Wortschatz (um sich im Alltag ausdrücken zu können), Fachsprache (um am Fachunterricht erfolgreich teilnehmen zu können) und Hörverständnis.

Ich wünsche Ihnen und Ihren Schülern viel Spaß mit „30 x DaZ für 45 Minuten – Klasse 1/2"

Nina Wilkening

Übersichtstabelle: Sprachliche Inhalte der Stunden

Stunde	Sprachlicher Inhalt	Seite
1: Wir lernen uns kennen	Einander kennenlernen, sich selbst vorstellen, das Gegenüber nach dem Namen fragen	11
2: Sich begrüßen – sich verabschieden	Verschiedene Begrüßungs- und Verabschiedungsformeln im jeweiligen Kontext, Begrüßungsformeln in anderen Sprachen	14
3: Höflichkeitsformeln anwenden	Höflichkeitsformeln „Bitte", „Danke", „Entschuldigung"	17
4: Farben	Farben, Satzbau	21
5: Zahlen bis 10	Wortschatz „Zahlen", Einzahl – Mehrzahl	24
6: Formen	Wortschatz „Formen"	28
7: Unsere Schulmaterialien und unsere Schule	Wortschatz „Schule", Beschreibung von Gegenständen mit Adjektiven und Verben, Phrase „Wo ist/sind ...?"	32
8: Wir orientieren uns im Stundenplan	Wortschatz „Wochentage", Wortschatz „Schulfächer"	35
9: Links – rechts, vor – hinter, über – unter	Präpositionen, Festigung des Wortschatzes „Schulsachen"	38
10: Familie	Wortschatz „Familie", Wortschatz „Haushalt", einfache Sätze bilden (z. B. „Mama kocht.")	39
11: So wohnen wir	Wortschatz „Wohnen"	44
12: Von Haustieren erzählen	Wortschatz „Haustiere"	47
13: Freunde	Adjektive (Gegensatzpaare)	51

Vorwort

Stunde	Sprachlicher Inhalt	Seite
14: Hier war ich schon, hier bin ich gern	Orte und Plätze	54
15: Wir treffen uns mit unseren Freunden	Freizeitbeschäftigungen (Verben und Verbgruppen), Phrase „Wo treffen wir uns?"	57
16: Mein Arm tut mir weh	Wortschatz „Körper", Phrase „... tut mir weh."	62
17: Gefühle	Gefühle, Wortschatz: fröhlich, traurig, zornig, gelangweilt, entsetzt, überrascht	66
18: Vorlieben und Abneigungen	Vorlieben und Abneigungen äußern, Phrasen „Ich mag (nicht) ..."	69
19: Kleidung	Wortschatz „Kleidung", Wortschatz „Farben"	73
20: Kleidung zu bestimmten Anlässen – Was ziehe ich an?	Sich zu Bildern äußern, Zuordnungen vornehmen	77
21: Berufe	Wortschatz „Berufe", Satzbau	79
22: Spiele hier und anderswo vergleichen	Spiele hier und anderswo vergleichen, Vorlieben und Abneigungen äußern	83
23: Fernsehen	über Fernsehserien und Filme sprechen	86
24: Einkaufen am Kiosk	Um Auskunft bitten, Auskunft erteilen, Phrasen „Ich möchte bitte ...", „Was kostet ...?", „Das kostet .../ Das macht ..."	90
25: Wir kennen Verkehrszeichen 1	Festigung des Wortschatzes „Verkehrszeichen"	94
26: Wir kennen Verkehrszeichen 2	Festigung des Wortschatzes „Verkehrszeichen"	97
27: Wir planen ein Picknick – Einladungen schreiben	Wortschatz „Feste", Einladungen schreiben	100
28: Wir planen ein Picknick – bei jedem Wetter!	Wortschatz „Wetter", über das Wetter sprechen („Heute ist es heiß"/„Gestern hat es geregnet."), Komposita mit „Sonne(n)" und „Regen"	103
29: Wir planen ein Picknick – das wird lecker!	Wortschatz „Obst und Gemüse", Adjektive (süß, sauer, Farbadjektive), Vorgänge beschreiben, Vorlieben und Abneigungen äußern („Ich mag ..."/„Mir schmeckt .../ schmeckt nicht.")	106
30: Endlich Ferien!	über Ferien sprechen, Phrase: „Ich packe ... in meinen Koffer".	109

Klasse 1

Willkommen in der Schule

Wortschatz

„Ich heiße ...“/„Ich bin ...“, „Und wie heißt du?“, Verabschiedungs- und Begrüßungsformeln, „Bitte“, „Danke“, „Entschuldigung“

Sonstige sprachliche Themen

Sich vorstellen und andere nach ihrem Namen fragen

Überblick

Mit dieser dreistündigen Mini-Einheit können Sie in der ersten Stunde des 1. Schuljahres den Sprachförderunterricht beginnen. Zunächst einmal geht es darum, dass man sich kennenlernt und dass man sich selbst vorstellen und andere nach ihrem Namen fragen kann. **(Stunde 1)**

Zu jeder Begegnung mit anderen Menschen gehören eine Begrüßung und eine Verabschiedung. In **Stunde 2** lernen die Kinder verschiedene Begrüßungs- und Verabschiedungsphrasen in ihrem jeweiligen Kontext kennen und üben diese ein. Das internationale Begrüßungslied kann als Ritual für alle Sprachförderstunden gewählt werden.

Neben der Fähigkeit, sich kontextangemessen begrüßen und verabschieden zu können, sind Höflichkeitsformeln, wie „Bitte“ und „Danke“, von großer Bedeutung. Dies wird in **Stunde 3** eingeübt.

Weiterführende Ideen

- Stecken Sie auf einer **Weltkarte** die **Herkunftsländer** der Kinder bzw. von deren Eltern mit Namens-Fähnchen ab.
- Stellen Sie den Schülern große Bögen Packpapier zur Verfügung. Die Schüler gehen paarweise zusammen und **zeichnen** den **Personenumriss** des Partners. Jeder malt in seinen Umriss hinein, was ihn auszeichnet (z. B. Hobbys, Lieblingsessen, Abneigungen als durchgestrichene Bilder usw.)
- Fordern Sie die Schüler auf, sich **in ihren Erstsprachen zu begrüßen** und zu verabschieden und der gesamten Gruppe diese Phrasen beizubringen.
- Dichten Sie mit den Schülern gemeinsam einen **eigenen Begrüßungsspruch/-rap**, der nur für die Sprachförderstunden gilt und jeweils zu Beginn und am Ende aufgesagt wird. Dieser kann z. B. Begrüßungs- und Verabschiedungsfloskeln in den Erstsprachen der Schüler beinhalten.

1. Wir lernen uns kennen

Thema

Einander kennenlernen, sich selbst vorstellen, das Gegenüber nach dem Namen fragen

Kompetenzerwartungen

Die Schüler können die Phrasen „Ich heiße …" bzw. „Ich bin …" und „Wie heißt du?" korrekt anwenden. Sie können sich selbst anderen vorstellen und dabei persönliche Informationen, wie Name, Alter, Haarfarbe, Augenfarbe und anderes, nennen.

Materialliste/Vorbereitung

- 1 kleiner Ball
- KV „Steckbrief – Das bin ich" (Klassensatz), zusätzlich einmal in DIN A3 kopiert
- Farbstifte
- KV „Das bin ich – Kärtchen"

Stundenverlauf

Einstieg (ca. 10 Min.)

Treffen Sie sich mit den Kindern im Stehkreis. Drehen Sie sich zu Ihrem linken Nachbarn und sagen Sie „Ich heiße Frau Müller. Und wie heißt du?" Geben Sie ihm den Ball in die Hand. Ihr linker Nachbar nimmt den Ball und sagt: „Sie heißen Frau Müller. Ich heiße Muhammet." Er dreht sich zu seinem linken Nachbarn, sagt: „Ich heiße Muhammet. Und wie heißt du?" und gibt ihm den Ball. Dies geht der Reihe nach so weiter, bis alle Kinder einmal dran waren und Sie den Ball wieder in der Hand halten.

Schließen Sie weitere Runden mit Augenfarbe, Haarfarbe und Alter an.

Arbeitsphase (ca. 20 Min.)

Hängen Sie den Steckbrief in DIN A3 an die Tafel. Füllen Sie den Steckbrief für Ihre Person mithilfe der Kinder aus. Lesen Sie die einzelnen Rubriken vor und bitten Sie die Schüler um eine Antwort (z. B. „Augenfarbe. Schaut mir mal in die Augen, welche Farbe haben meine Augen?" Malen Sie dann die Augen auf dem Steckbrief in der genannten Farbe an.). Schreiben Sie beim Alter Ihr Alter dahinter – die Schüler hingegen sollen ihr eigenes Alter einkreisen. Bei den Rubriken mit den Smileys bitten Sie die Schüler, die verschiedenen Abbildungen zu benennen. Kreisen Sie jeweils ein, was Sie mögen, und erklären Sie den Schülern, warum Sie dies mögen.

Lassen Sie Ihren Steckbrief an der Tafel hängen und verteilen Sie die Arbeitsblätter. Stellen Sie die Differenzierungsmöglichkeiten (s. u.) vor, bevor die Schüler beginnen.

Einzelarbeit: Die Schüler füllen den Steckbrief für sich selbst aus, bei Unklarheiten können sie von der Vorlage abgucken. Sie sollten als Ansprechpartner für Schüler mit wenig Deutschkenntnissen zur Verfügung stehen.

Differenzierung 1: Schüler, die mit der Aufgabe fertig sind, warten an einem vereinbarten Ort (einer „Haltestelle") auf den Nächsten, der fertig wird. Sie suchen sich einen Platz und stellen sich gegenseitig ihre Steckbriefe vor.

Differenzierung 2: Schülerpaare, die die Aufgabe erledigt haben, nehmen sich einen Kartenstapel der „Das-bin-ich-Kärtchen" und legen diesen vor sich. Einer deckt die oberste Karte auf. Auf den Karten sind dieselben Illustrationen zu sehen, die im Steckbrief vorkamen. Der Schüler trifft eine Aussage zur Illustration, die auf ihn zutrifft (z. B. Kärtchen mit Augenpaar, „Ich habe blaue Augen."). Nun ist der andere dran.

Abschluss/Reflexion (ca. 15 Min.)

Treffen Sie sich mit den Kindern im Stuhlkreis. Jedes Kind stellt seinen Steckbrief vor.

Verteilen Sie im Anschluss ein „Das-bin-ich-Kärtchen" an jedes Kind und schicken Sie die Kinder durch den Raum. Wenn zwei Kinder sich treffen, stellen sie sich und ihr Merkmal vor (z. B. „Ich heiße Meltem und habe braune Haare."). Dann tauschen sie die Karten. Leistungsstärkere Kinder fragen zusätzlich das andere Kind nach dem Merkmal („… und welche Haarfarbe hast du?").

Das bin ich – Steckbrief

Name: ....

Ich bin:

Alter: 1 2 3 4 5 6 7 8 9

Augenfarbe:

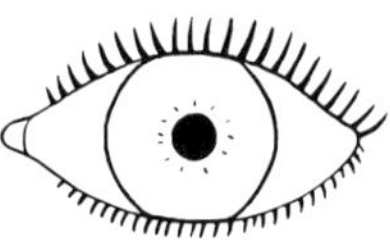

Haarfarbe:

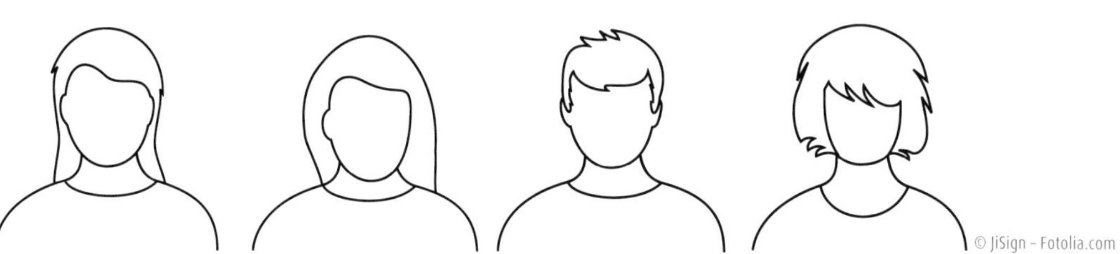

© JiSign – Fotolia.com

Lieblingstier: ☺

Lieblingsessen: ☺

Abb.: Jens Müller

Hobby: ☺

Abb.: Jens Müller

Das bin ich – Kärtchen

Abb.: Anja Boretzki	© JiSign – Fotolia.com	Abb.: Anja Boretzki	1 2 3 4 5 6 (7) 8
Abb.: Anja Boretzki	© JiSign – Fotolia.com	Abb.: Anja Boretzki	1 2 3 4 5 6 (7) 8
Abb.: Anja Boretzki	Pommes: Jens Müller; alle anderen Abb.: Anja Boretzki	Abb.: Anja Boretzki	**Name**
ABb.: Anja Boretzki	Pommes: Jens Müller; alle anderen Abb.: Anja Boretzki	Abb.: Anja Boretzki	**Name**

 © Verlag an der Ruhr | Autorin: Nina Wilkening | ISBN 978-3-8346-2736-0 | www.verlagruhr.de

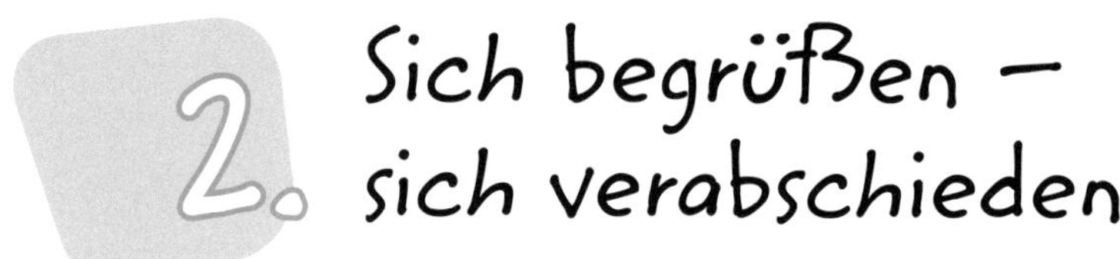

2. Sich begrüßen – sich verabschieden

Sprachlicher Inhalt

Verschiedene Begrüßungs- und Verabschiedungsformeln im jeweiligen Kontext, Begrüßungsformeln in anderen Sprachen

Kompetenzerwartungen

Die Schüler kennen deutsche Begrüßungs- und Verabschiedungsformeln und können die passende Formel situationsangemessen anwenden. Sie kennen Begrüßungsformeln in anderen Sprachen.

Materialliste/Vorbereitung

- KV „Guten Morgen, buon giorno", 1-mal kopiert als Textvorlage
- KV „Guten Tag und auf Wiedersehen", in Klassenstärke kopiert
- KV „Guten Tag und auf Wiedersehen", 1-mal groß kopiert, Karten ausgeschnitten
- Scheren und Klebstoff

Stundenverlauf

Einstieg (ca. 5 – 10 Min.)

Üben Sie das Lied „Guten Morgen, buon giorno" mit den Kindern ein.

Arbeitsphase (ca. 20 – 25 Min.)

Treffen Sie sich mit den Kindern im Sitzkreis. Üben Sie die Begrüßungs- und Verabschiedungsformeln (s. KV „Guten Tag und auf Wiedersehen" 1/2) mit den Kindern ein. Hängen Sie dazu jeweils die passende Karte (s. Vorbereitung) an die Tafel und begrüßen Sie mit der entsprechenden Handbewegung Ihren linken Nachbarn (z. B. „Guten Tag, Muhammet."). Dieser dreht sich zu seinem linken Nachbarn und begrüßt ihn ebenfalls (z. B. „Guten Tag, Dilara."). Wenn Sie begrüßt wurden, startet die nächste Runde mit einer neuen Karte.

Wenn alle Karten hängen, bitten Sie die Kinder, durch den Raum zu gehen und sich gegenseitig mit ihren Namen zu begrüßen bzw. zu verabschieden. Geben Sie die Begrüßungs- bzw. Verabschiedungsformel vor. Unterbrechen Sie immer wieder durch ein akustisches Signal und sagen Sie eine neue Formel an. Achten Sie darauf, dass die Kinder die Formeln sprechen und die passenden Bewegungen machen.

Verteilen Sie den Schülern das Arbeitsblatt „Guten Tag und auf Wiedersehen" und besprechen Sie mit ihnen, was zu tun ist. Die Kinder arbeiten allein oder in Partnerarbeit. Schüler, die bereits fertig sind, treffen sich an einem verabredeten Treffpunkt (Haltestelle) und vergleichen ihre Ergebnisse. Sie suchen sich eine der abgebildeten Situationen aus und üben diese im Rollenspiel ein.

Abschluss/Reflexion (ca. 10 – 20 Min.)

Besprechen Sie kurz das Arbeitsblatt. Bitten Sie einzelne Schülerpaare, ihr Rollenspiel zu präsentieren. Die Zuschauer überprüfen, ob die richtige Begrüßungs- bzw. Verabschiedungsformel gewählt wurde, und benennen die gewählte Situation.

Sollten Sie noch Zeit übrig haben, können Sie noch einmal das Spiel aus der Einstiegsphase spielen und/oder das Begrüßungslied wiederholen.

Guten Morgen, buon giorno

Melodie und Text: mündlich überliefert nach dem englischen „London's Burning“

Guten Tag und auf Wiedersehen (1/2)

30 x DaZ für 45 Minuten | Klasse 1/2
© Verlag an der Ruhr | Autorin: Nina Wilkening | ISBN 978-3-8346-2736-0 | www.verlagruhr.de

Guten Tag und auf Wiedersehen (2/2)

1. Klebe die richtige Begrüßung oder Verabschiedung unter das Bild.

© Kzenon – Fotolia.com

Abb.: Jens Müller

© Rob – Fotolia.com

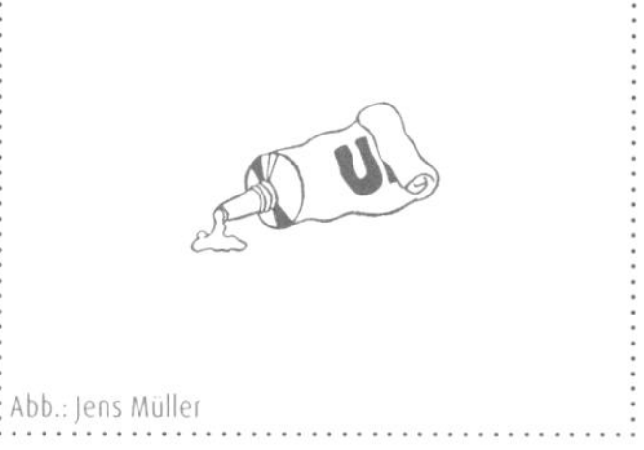
Abb.: Jens Müller

© Piotr Wawrzyniuk – Fotolia.com

Abb.: Jens Müller

© Robert Kneschke – Fotolia.com

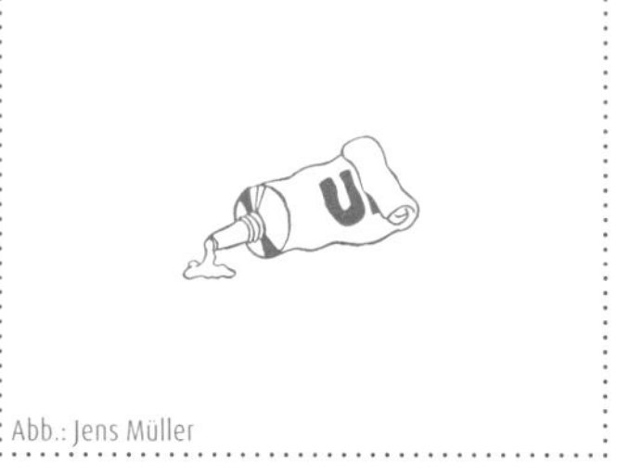
Abb.: Jens Müller

ISBN 978-3-8346-2736-0 | www.verlagruhr.de

3. Höflichkeitsformeln anwenden

Sprachlicher Inhalt

Höflichkeitsformeln

Kompetenzerwartungen

Die Schüler wenden die Höflichkeitsphrasen „Ja, bitte", „Nein, danke", „Entschuldigung" situationsangemessen an.

Materialliste/Vorbereitung

- 1 Plastikflasche
- KV „Ja, bitte – Nein, danke – Entschuldigung" in Klassenstärke kopiert
- Scheren und Klebstoff

Stundenverlauf

Einstieg (ca. 10 Min.)

Treffen Sie sich mit den Kindern im Sitzkreis. Legen Sie die Flasche in die Mitte des Kreises. Spielen Sie das Spiel „Ja, bitte – Nein, danke". Stellen Sie eine lustige oder ernste Frage (z. B. „Willst du Spaghetti mit Schnecken essen?" oder „Möchtest du schulfrei haben?") und drehen Sie die Flasche. Der Schüler, auf den die Flasche zuletzt zeigt, antwortet mit „Ja, bitte" oder „Nein, danke". Nun stellt dieser Schüler eine Frage und dreht die Flasche.

Arbeitsphase (ca. 20 – 25 Min.)

Leiten Sie zur Arbeitsphase über. Erklären Sie den Kindern, dass es in der nächsten Phase nicht nur um „Ja, bitte" und „Nein, danke" geht, sondern auch darum, „Entschuldigung" zu sagen. Fragen Sie die Schüler, wann man „Entschuldigung" sagt. Sollten die Schüler dies nicht wissen, verdeutlichen Sie es an einem kleinen Rollenspiel mit einem Schüler. Der Schüler stellt sich hin, Sie gehen an ihm vorbei und stoßen ihn leicht an. Daraufhin sagen Sie „Entschuldigung".

Zeigen Sie den Schülern beide Kopiervorlagen und erklären Sie diese. Die Kinder sollen auf jedem Bild entscheiden, ob man „Ja, bitte", „Nein, danke" oder „Entschuldigung" sagen würde. Sie schneiden die Antwortkärtchen auf der zweiten Seite des Arbeitsblatts aus und legen sie an die richtigen Stellen. Vereinbaren Sie mit den Schülern, dass sie erst alle Kärtchen hinlegen und sich dann melden, sodass Sie kontrollieren können. Erst danach kleben sie die Kärtchen auf.

Schüler, die die Bilder aufgeklebt haben, gehen zur Haltestelle und warten auf einen Partner. Gemeinsam spielen sie die abgebildeten Situationen nach.

Abschluss/Reflexion (ca. 10 – 15 Min.)

Bitten Sie einzelne Schülerpaare, jeweils eine Situation vorzuspielen.

Sollten Sie noch Zeit übrig haben, können Sie eine weitere Runde „Ja, bitte – Nein, danke" mit den Schülern spielen.

Ja, bitte – Nein, danke – Entschuldigung (1/2)

1. Schneide die kleinen Bilder auf Seite 2 aus. 

2. Klebe sie zum passenden Bild. 

© Mat Hayward – Fotolia.com

© photographee.eu – Fotolia.com

Abb.: Jens Müller

Abb.: Jens Müller

© Picture-Factory – Fotolia.com

© jordi2r – Fotolia.com

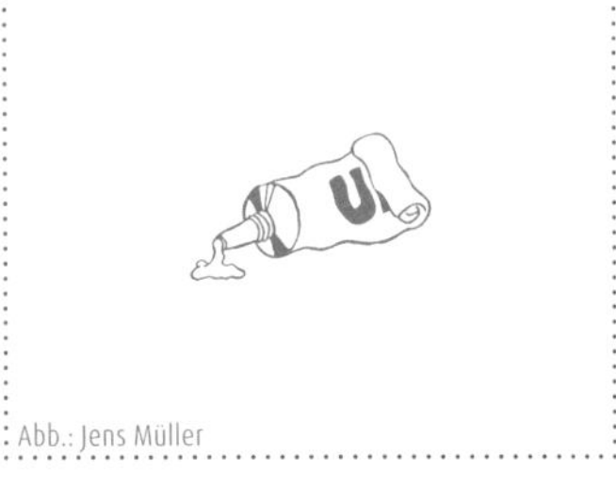

Abb.: Jens Müller

Abb.: Jens Müller

ISBN 978-3-8346-2736-0 | www.verlagruhr.de

Ja, bitte – Nein, danke – Entschuldigung (2/2)

 Ja, bitte	 Nein, danke	 Entschuldigung
 Ja, bitte	 Nein, danke	 Entschuldigung

 © Verlag an der Ruhr | Autorin: Nina Wilkening | ISBN 978-3-8346-2736-0 | www.verlagruhr.de

Farben, Zahlen, Formen

Wortschatz

Farben, Zahlen, Formen

Grammatikthemen

Satzbau, Einzahl – Mehrzahl

Überblick

In der dreistündigen Mini-Einheit „Farben, Zahlen, Formen" geht es darum, die Grundkenntnisse in diesen beiden Bereichen zu festigen. Farben, Zahlen und Formen und die entsprechenden Begriffe dafür müssen alle Kinder sicher kennen, da sie deren Kenntnis in vielen Fächern und im Alltag benötigen. Diese Mini-Einheit sollte unbedingt am Anfang der Schulzeit stattfinden, um die Grundkenntnisse zu sichern, die normalerweise im Kindergarten angelegt werden.

Die Einheit sollte auch als unterrichtsbegleitende Maßnahme angesehen werden, da Formen und Zahlen im Mathematikunterricht von Anfang an eine große Rolle spielen. Die Kenntnis der Farben wird üblicherweise vorausgesetzt. Sollten Sie bemerken, dass einzelne Kinder Schwierigkeiten haben, sollten Sie auf jeden Fall die weiterführenden Ideen nutzen, bevor Sie die nächste thematische Einheit beginnen.

Weiterführende Ideen

Farben

- Wenn Sie eine kleine Gruppe haben, können Sie mit den Kindern das Brettspiel „Quips" spielen. Hier geht es darum, Farbkenntnisse und -begriffe zu festigen.
- Bilden Sie mit den Kindern Eselsbrücken: rot wie Erdbeeren, blau wie der Himmel, grün wie das Gras.
- Spielen Sie eine Abwandlung des Spiels „Feuer, Wasser, Sturm": Hängen Sie farbige Karten an verschiedene Stellen im Klassenzimmer (oder in der Turnhalle oder auf dem Pausenhof). Die Schüler gehen frei im Raum herum. Geben Sie ein akustisches Signal und nennen Sie ein Nomen (z. B. „Sonne"). Die Schüler laufen zur gelben Karte. Einer sagt: „Die Sonne ist gelb."
- Lesen Sie Bilderbücher zum Thema Farben vor (z. B. „Hallo, roter Fuchs", „Die Königin der Farben", „Das kleine Blau und das kleine Gelb", „Elmar").
- Singen Sie das Lied „Grün, grün, grün sind alle meine Kleider".
- Spielen Sie „Menschendomino mit Farben": Ein Schüler stellt sich vor die Tafel. Ein Schüler, der etwas an sich hat, das der erste Schüler ebenfalls hat, stellt sich daneben und sagt: „Cem hat ein blaues T-Shirt an. Ich habe auch ein blaues T-Shirt an." Das Spiel ist beendet, wenn alle Schüler sich „andocken" konnten.

Zahlen bis 10

- Bauen Sie den Abzählvers (S. 24) in Ihren Unterricht ritualisiert ein und sprechen Sie ihn zu Beginn oder am Ende einer jeden Stunde.
- Machen Sie mit den Schülern einen Spaziergang durch das Schulhaus oder die Schulumgebung. Halten Sie Ausschau nach Mengen und Ziffern (z. B. fünf Klassenzimmertüren in einem Flur, Türschilder der Klassen).

Formen

- Legen Sie mit den Schülern Mandalas aus verschiedenen Formen (z. B. aus Papier oder Moosgummi).
- Backen Sie mit den Schülern Plätzchen in geometrischen Formen und lassen Sie die Schüler die Formen benennen.
- Machen Sie mit den Schülern einen Spaziergang durch das Schulhaus oder in die Schulumgebung. Halten Sie gemeinsam nach Formen Ausschau und machen Sie sich gegenseitig aufmerksam (z. B. runde Verkehrsschilder, rechteckige Fenster)
- Lesen Sie die Faltgeschichte „Das kleine blaue Quadrat" vor (der Text ist vielfach im Internet zu finden) und falten Sie mit den Kindern.

4. Farben

Sprachlicher Inhalt

Farben, Satzbau

Kompetenzerwartungen

Die Schüler kennen Farben. Sie können Gegenstände den Farben zuordnen und einfache Sätze bilden.

Materialliste/Vorbereitung

- Farbkarten: je ein farbiges Papier (oder Pappkarton) in den Farben rot, grün, gelb, blau, braun, orange, lila, grau, schwarz, weiß
- KV „Farben" in Klassenstärke kopiert
- KV „Farben-Paare" im halben Klassensatz kopiert, evtl. ausgeschnitten und Karten z. B. mit einem Gummi zusammengehalten
- beide KV einmal kopiert und ausgefüllt bzw. angemalt als Lösungsblätter

Stundenverlauf

Einstieg (ca. 5 – 10 Min.)

Hängen Sie die Farbkarten an die Tafel. Lassen Sie die Schüler die Namen der Farben nennen. Sollten Schüler bei einer oder mehreren Farben unsicher sein, üben Sie diese Farbe durch chorisches Sprechen ein.

Nennen Sie eine Farbe und fordern Sie alle Schüler auf, die etwas in dieser Farbe an sich haben (Kleidung, Haargummi, Armbanduhr etc.), nach vorn zu kommen (z. B. „Wer etwas in der Farbe Rot an sich hat, kommt nach vorn."). Zeigen Sie dabei die entsprechende Farbkarte, um schwächere Schüler zu unterstützen. Bitten Sie die Kinder, die nach vorn gekommen sind, der Klasse vorzustellen, was sie in der entsprechenden Farbe an sich haben (z. B. „Ich habe eine rote Uhr an."). Überprüfen Sie gemeinsam, ob dies stimmt. Bitten Sie danach die Schüler, sich wieder hinzusetzen, und fragen Sie nach einer anderen Farbe. Verfahren Sie so mit allen Farben. Sollte bei einer Farbe niemand nach vorn kommen, bitten Sie die Schüler, Beispiele für Gegenstände, Tiere etc. zu nennen, die diese Farbe haben (können).

Arbeitsphase (ca. 20 – 30 Min.)

Erklären Sie den Schülern den Arbeitsauftrag des Arbeitsblatts „Farben" und die Zusatzaufgabe (KV „Farben-Paare"). Hängen Sie die Lösungsblätter z. B. hinter die Tafel.

Die Kinder bearbeiten die KV „Farben" in Einzelarbeit. Schüler, die die Aufgabe erledigt und mit dem Lösungsblatt verglichen haben, suchen sich einen Partner und bearbeiten die Zusatzaufgabe (KV „Farben-Paare") gemeinsam. Sie schneiden die Karten aus und legen sie verdeckt auf den Tisch. Spieler 1 dreht eine Karte um und sagt: „Das ist der Löwe. Er ist gelb." Spieler 2 versucht eine passende Karte zu finden. Er dreht eine Karte um und sagt: „Das ist das Herz. Es ist rot. Der Löwe und das Herz sind kein Paar." Die Kinder spielen so lange, bis keine Karten mehr verdeckt liegen. Ist noch Zeit übrig, spielen sie eine weitere Runde.

Abschluss/Reflexion (ca. 5 – 10 Min.)

Bitten Sie zwei Schüler nach vorn. Beide Schüler stellen sich so vor die Tafel, dass sie die Farbkarten ansehen und mit der Hand gut erreichen können. Sagen Sie: „Welche Farbe hat eine Erdbeere?" Beide Schüler versuchen, möglichst schnell mit der Hand auf die rote Farbkarte zu schlagen. Ermitteln Sie den Sieger und bitten Sie ihn, einen passenden Satz zu formulieren („Die Erdbeere ist rot.").

Farben

Ziehe farbige Striche von den Bildern zur passenden Farbe. 

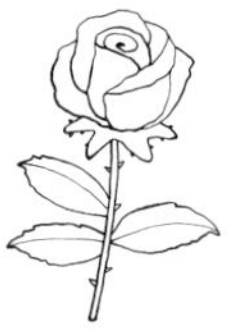

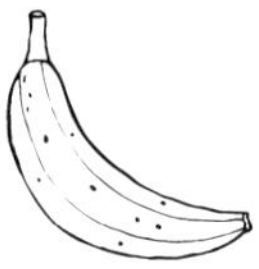

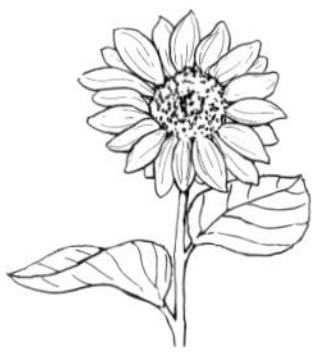

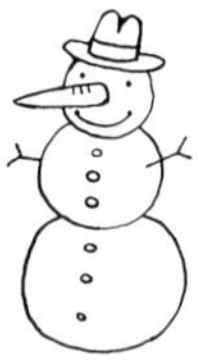

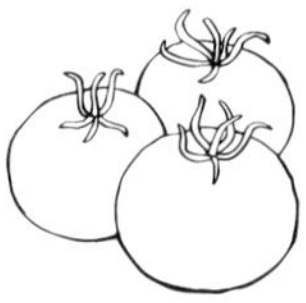

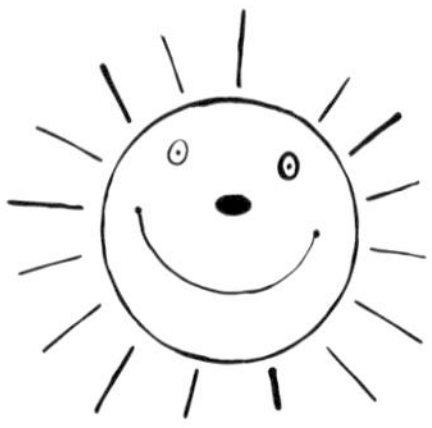

Abb.: Anja Boretzki

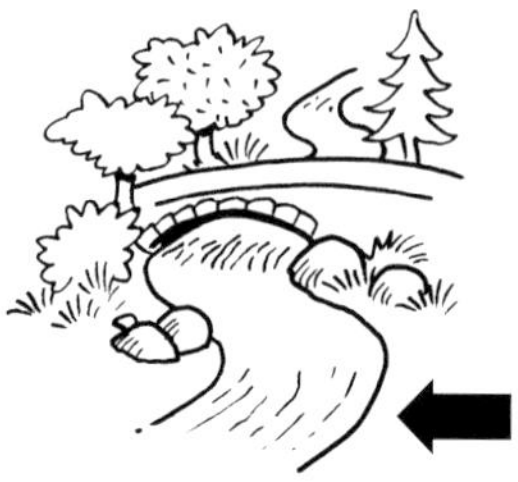

Abb.: Norbert Höveler

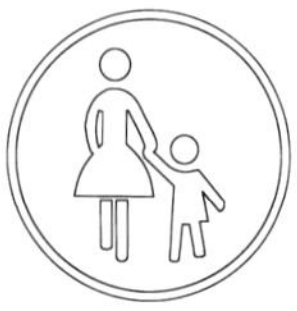

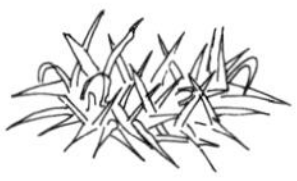

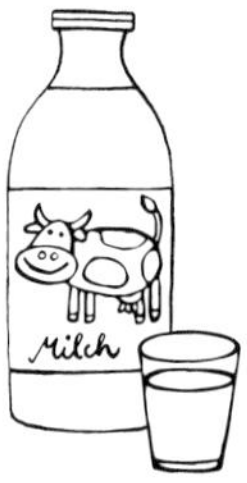

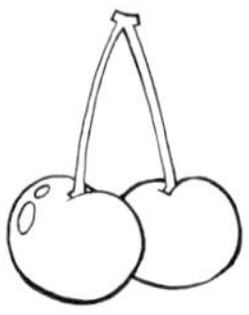

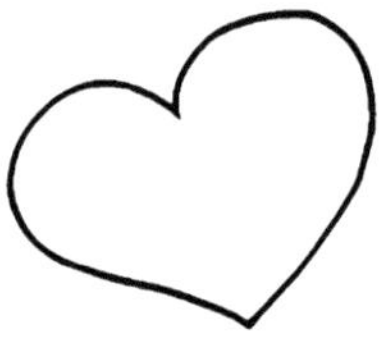

© Verlag an der Ruhr

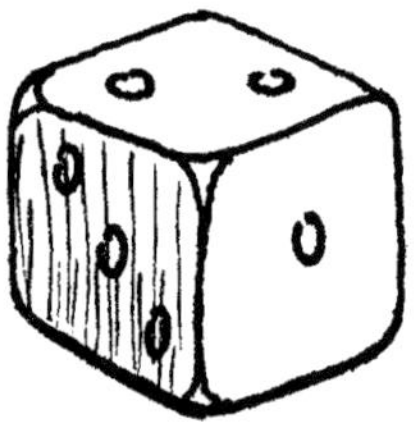

Abb.: Astrid Wilkesmann

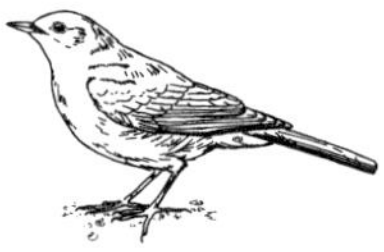

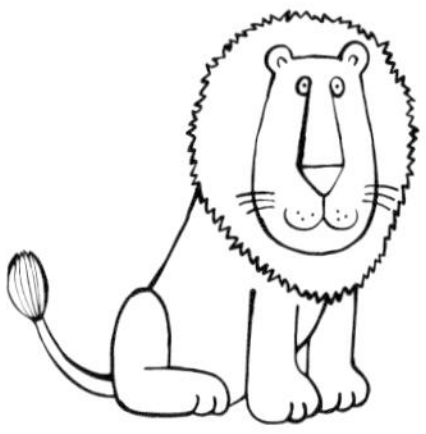

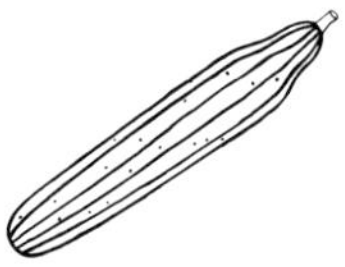

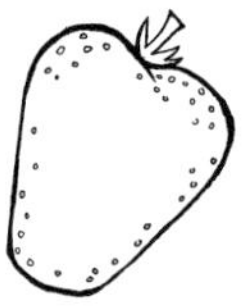

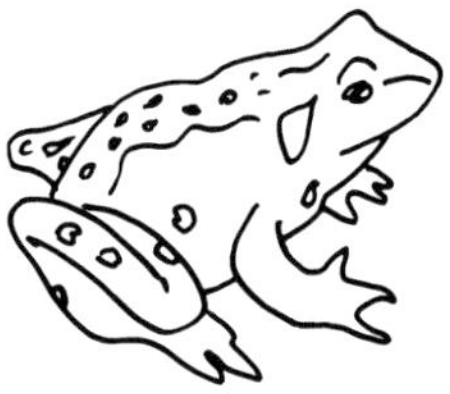

© Verlag an der Ruhr

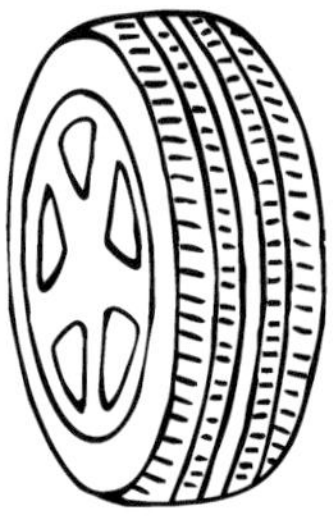

Abb.: Anja Boretzki

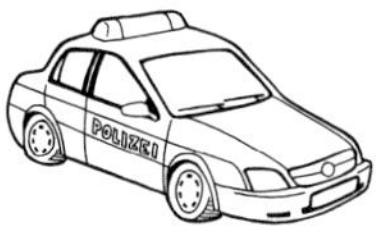

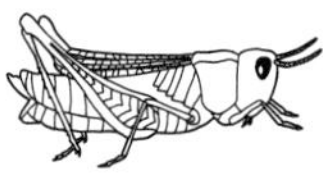

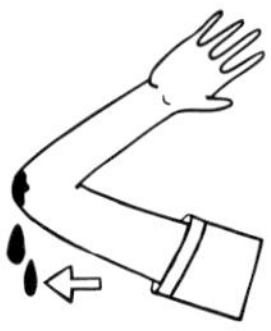

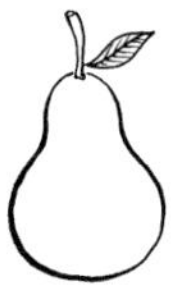

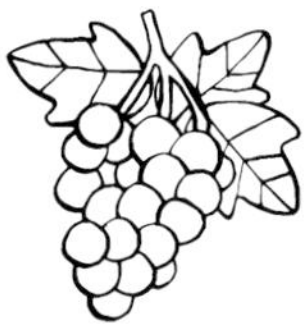

Farben-Paare

 © Verlag an der Ruhr | Autorin: Nina Wilkening | ISBN 978-3-8346-2736-0 | www.verlagruhr.de

5. Zahlen bis 10

Sprachlicher Inhalt

Wortschatz „Zahlen", Einzahl – Mehrzahl

Kompetenzerwartungen

Die Schüler kennen die Zahlen von 1 – 10 und können Mengen zuordnen.

Materialliste/Vorbereitung:

- Schreiben Sie die Zahlen von 1 – 10 groß auf 10 DIN-A4-Blätter, pro Blatt eine Zahl.
- KV „Zahlen in unserer Umgebung", 1-mal in Klassenstärke kopiert,
- KV „Wichtige Zahlen und Nummern": Kopieren Sie das Blatt so oft, dass jeder Schüler eine Karte bekommt (also bei bis zu 12 Schülern 1-mal, bei 13 – 24 Schülern 2-mal usw.). Schneiden Sie so viele Karten, wie Sie Schüler haben, aus und legen Sie sie bereit.
- KV „Meine wichtigen Zahlen und Nummern": Kopieren Sie das Blatt so oft, dass jeder Schüler ein Kärtchen bekommt. Füllen Sie die Kärtchen für die Schüler im Vorfeld aus (z. B. indem Sie die Angaben von der Klassenliste abschreiben. Das Alter können die Schüler auch allein eintragen.)

Stundenverlauf

Einstieg (ca. 10 Min.)

Treffen Sie sich mit den Schülern im Kreis. Üben Sie den folgenden Abzählreim ein. Als begleitende Übungen können Sie die Zahlenkarten (s. Vorbereitung) an die Tafel hängen und immer auf die genannte Zahl zeigen oder Sie können die Karten an Schüler verteilen, die sie hochhalten, wenn die Zahlen genannt werden.

Eins, zwei, drei und vier –
in der Schule lernen wir.
Fünf, sechs, sieben, acht –
in der Schule wird gelacht.
Neun und zehn –
wir wollen nicht nach Hause gehen.

Nehmen Sie die DIN-A4-Zahlenblätter in die Hand und stellen Sie Suchaufträge:

- „Ich suche etwas, das es 2-mal gibt" (z. B. zwei Augen, zwei Beine). Schülerantwort: „Ich habe zwei Augen."
- „Ich suche etwas, das es nur einmal im Raum gibt" (z. B. die Tafel, die Tür). Schülerantwort: „Es gibt nur eine Tür."

Spielen Sie das Spiel auch andersherum und fragen Sie:

- „Murat, wie viele Augen hast du?", Schülerantwort: „Ich habe zwei Augen."

Arbeitsphase (ca. 20 Min.)

Die Schüler bearbeiten das Arbeitsblatt „Zahlen in unserer Umgebung", indem sie Gegenstände abzählen und mit der passenden Zahl verbinden. Schüler, die die Aufgabe bearbeitet haben, finden weitere Beispiele, malen diese dazu und verbinden sie mit der passenden Zahl.

Brechen Sie nach ca. 15 Min. die Arbeitsphase ab. Besprechen Sie das Arbeitsblatt, indem Sie die Kinder befragen: „Murat, wie viele Stifte hast du gezählt?"

Abschluss/Reflexion (10 Min.)

Zeigen Sie den Schülern die großen Karten (KV „Wichtige Zahlen und Nummern") und besprechen Sie, wie man nach den jeweiligen Zahlen und Nummern fragt: „Welche Hausnummer hast du?"/„Wie lautet deine Telefonnummer?"/„Wie alt bist du?"/„Wie viele Augen hast du?"/„Wie viele Finger hast du?"/„Wie viele Kinder seid ihr zu Hause?"

Geben Sie jedem Kind eine große Karte und sein persönliches kleines Kärtchen (KV „Meine wichtigen Zahlen und Nummern"). Schicken Sie die Kinder durch den Raum. Wenn zwei Kinder sich begegnen, fragen sie sich gegenseitig nach den Zahlen bzw. Nummern auf der großen Karte und tauschen die Karten danach aus. Die kleinen Kärtchen dienen als Unterstützung für Kinder, die ihre Telefonnummer und ihre Hausnummer nicht auswendig kennen, sie werden nicht getauscht.

Zahlen in unserer Umgebung

Sieh dir die Bilder an, zähle und verbinde. 

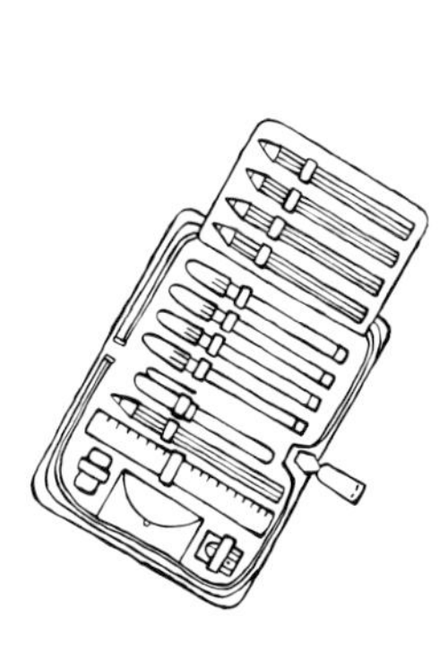

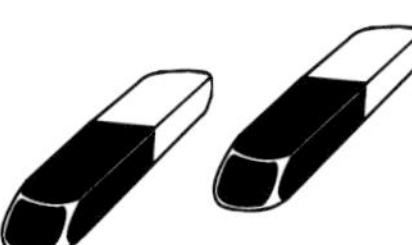

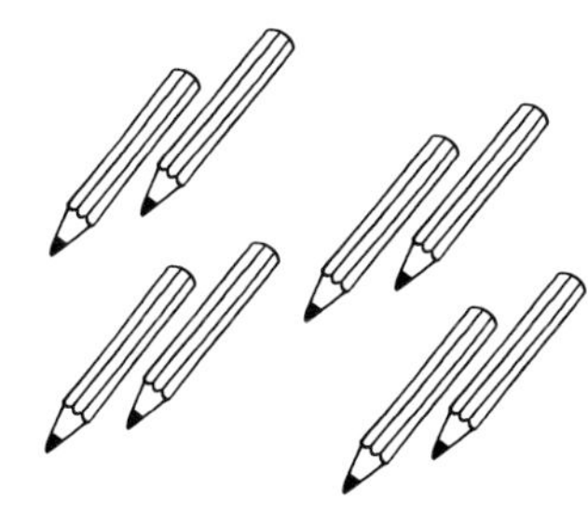

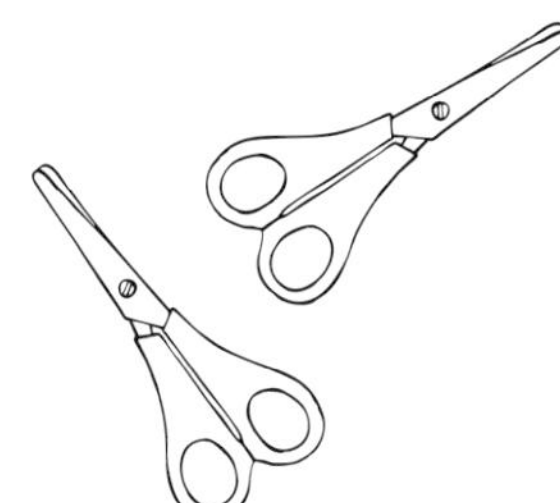

1	6
2	7
3	8
4	9
5	10

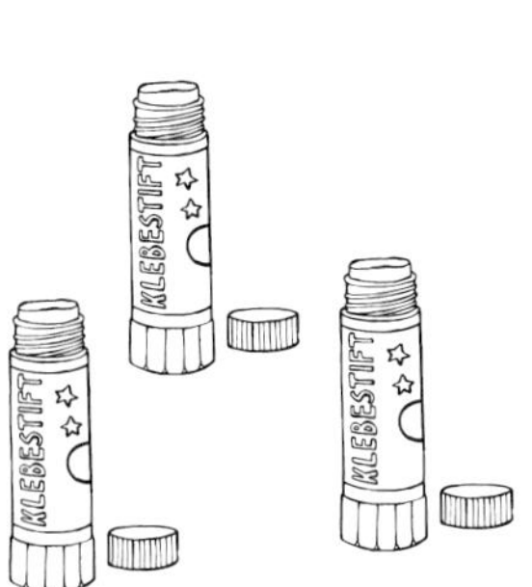

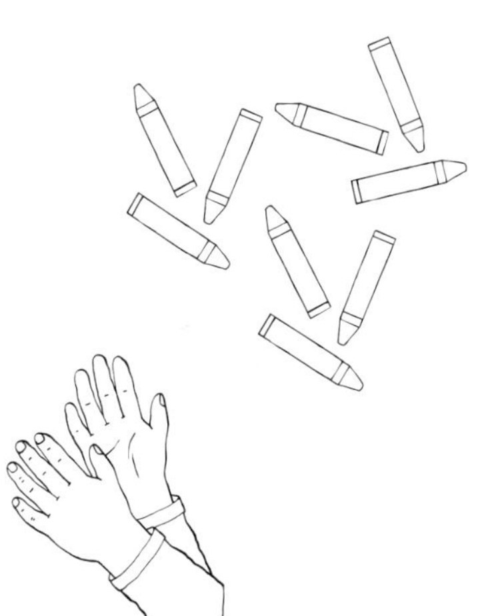

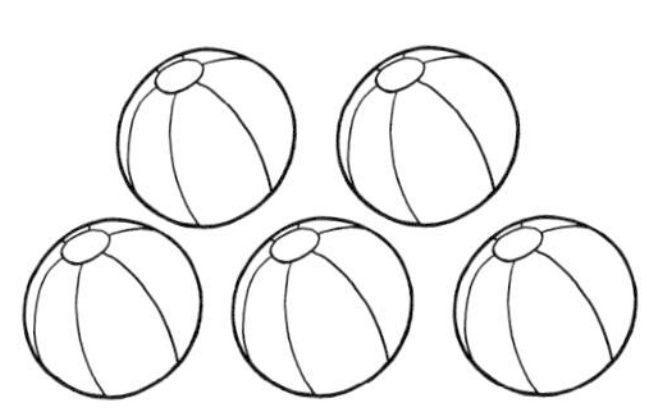

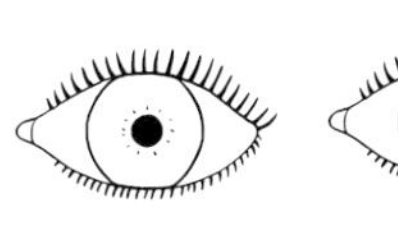

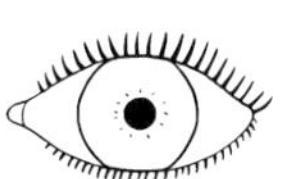

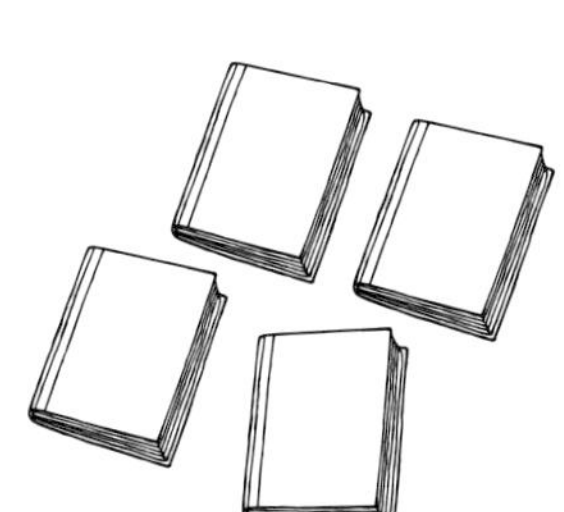

Wichtige Zahlen und Nummern

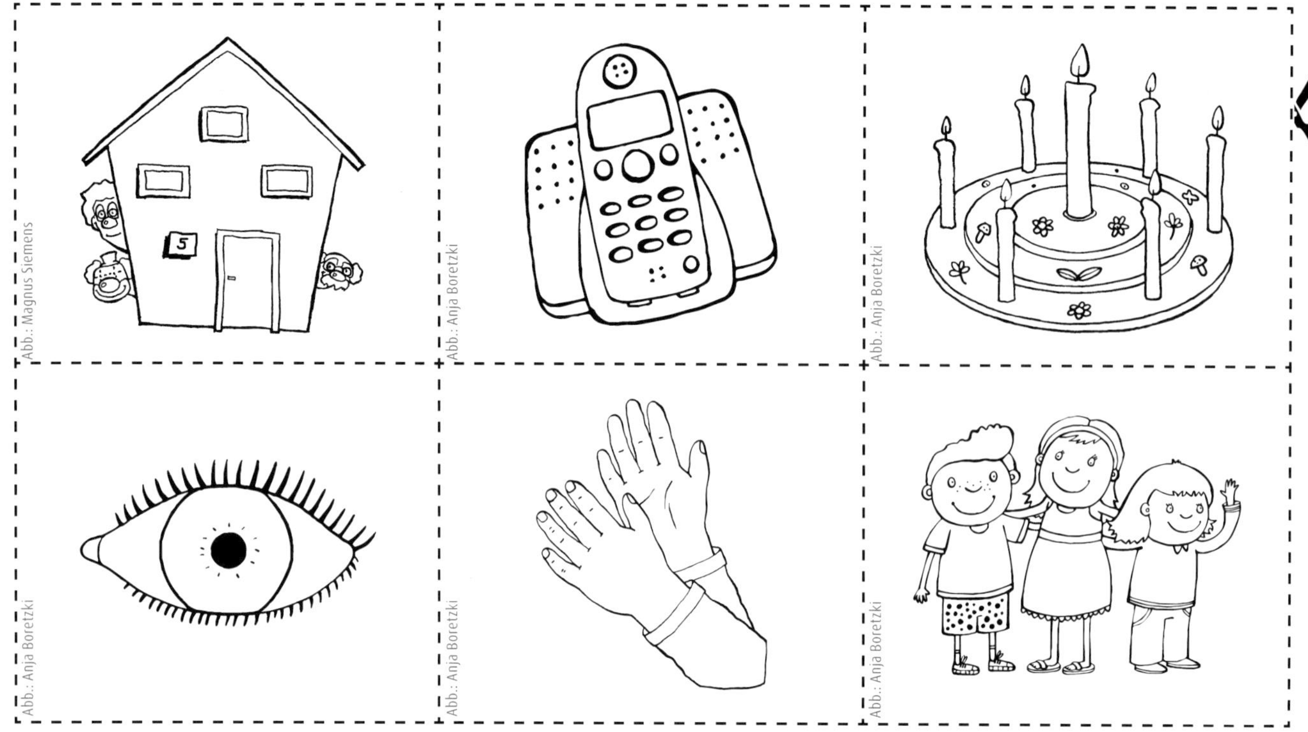

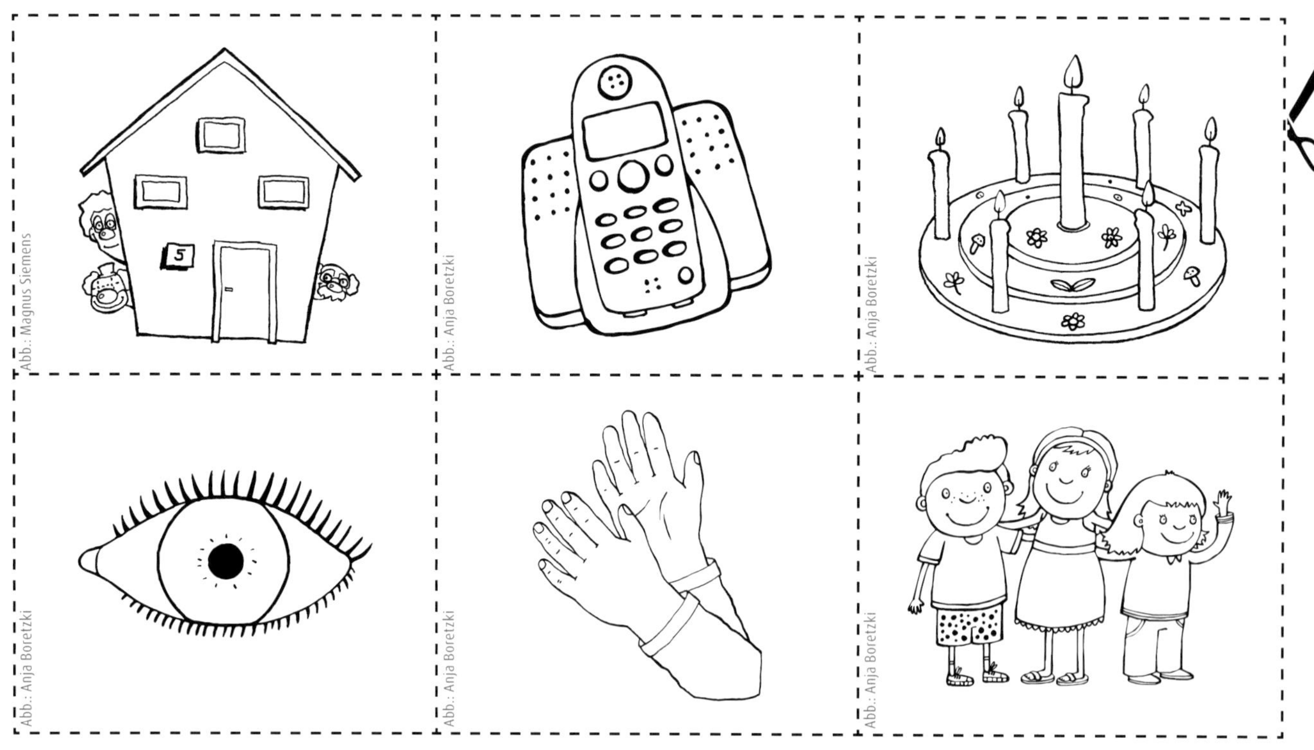

Kopiervorlage

Meine wichtigen Zahlen und Nummern

Name: ....
....
....
....
Abb.: Anja Boretzki

Name: ....
....
....
....
Abb.: Anja Boretzki

Name: ....
....
....
....
Abb.: Anja Boretzki

Name: ....
....
....
....
Abb.: Anja Boretzki

Name: ....
....
....
....
Abb.: Anja Boretzki

Name: ....
....
....
....
Abb.: Anja Boretzki

Name: ....
....
....
....
Abb.: Anja Boretzki

Name: ....
....
....
....
Abb.: Anja Boretzki

 © Verlag an der Ruhr | Autorin: Nina Wilkening | ISBN 978-3-8346-2736-0 | www.verlagruhr.de

6. Formen

Sprachlicher Inhalt

Wortschatz „Formen"

Kompetenzerwartungen

Die Schüler festigen den Wortschatz „Formen".

Materialliste/Vorbereitung

- Stellen Sie in einer Stofftasche verschiedene **flache** Gegenstände zusammen, deren Grundfläche eindeutig den Formen Kreis, Quadrat, Rechteck, Dreieck zuzuordnen sind (z. B. **Kreis**: runder Bierdeckel, Münze; **Quadrat**: quadratische Briefmarke, **Rechteck**: Taschentuch, Briefumschlag, **Dreieck**: Geodreieck, evtl. Spielzeugverkehrsschild), Formenplättchen aus dem Mathematikunterricht; stellen Sie mindestens so viele Gegenstände zusammen, wie Sie Schüler in der Klasse haben.
- KV „Schmetterling", in Klassenstärke kopiert. Falten Sie die Arbeitsblätter in der Mitte nach hinten, sodass die linke Seite des Schmetterlings oben liegt.
- KV „Würfelspiel – Formen" für jeweils 2 oder 4 Kinder einmal kopiert
- für jeweils 2 oder 4 Kinder 1 Würfel

Stundenverlauf

Einstieg (ca. 10 – 15 Min.)

Treffen Sie sich mit den Schülern im Stuhlkreis. Geben Sie Ihrem linken Nachbarn die Stofftasche und bitten Sie ihn, hineinzugreifen und einen Gegenstand herauszuholen. Der Schüler darf den Gegenstand allen zeigen und ihn beschreiben (Anzahl der Ecken, Farbe, Name der Form). Anschließend behält er ihn in der Hand, bis alle dran waren.

Bitten Sie die Schüler, die Gegenstände zu sortieren. Das Kind neben Ihnen beginnt, danach folgt sein Nachbar usw. Die Schüler sortieren die Gegenstände nach Formen auf getrennten Haufen in der Mitte des Kreises.

Arbeitsphase (ca. 20 – 25 Min.)

Leiten Sie zur Arbeitsphase über und erklären Sie den Ablauf und die Aufgaben. Die Schüler setzen sich paarweise zusammen. Zunächst wird ein Arbeitsblatt „Schmetterling" genommen. Partner A malt alle angegebenen Formen nach Belieben in die linke Hälfte des Schmetterlings und spricht dazu: „Ich male einen blauen Kreis in den oberen Flügel."

Anschließend bekommt Partner B das Arbeitsblatt, faltet es auf, malt den rechten Flügel dem linken entsprechend an und spricht ebenfalls dazu.

Dann wird das Arbeitsblatt von Partner B bearbeitet. Schülerpaare, die die Aufgabe erledigt haben, spielen das Würfelspiel (KV „Würfelspiel Formen"). Alternativ können sie an einer Haltestelle auch auf andere Paare warten und zu viert spielen.

Abschluss/Reflexion (ca. 5 – 10 Min.)

Hängen Sie die Schmetterlingsbilder nebeneinander an die Tafel oder legen Sie diese nebeneinander auf den Boden. Betrachten Sie die Bilder gemeinsam mit den Kindern. Sagen Sie: „Mir gefällt der Schmetterling, der im oberen Flügel zwei blaue Kreise und drei grüne Dreiecke hat. Welchen Schmetterling meine ich?" Ein Schüler zeigt auf den entsprechenden Schmetterling und darf einen weiteren beschreiben (entweder einen, den er schön findet, oder seinen eigenen).

Schmetterling

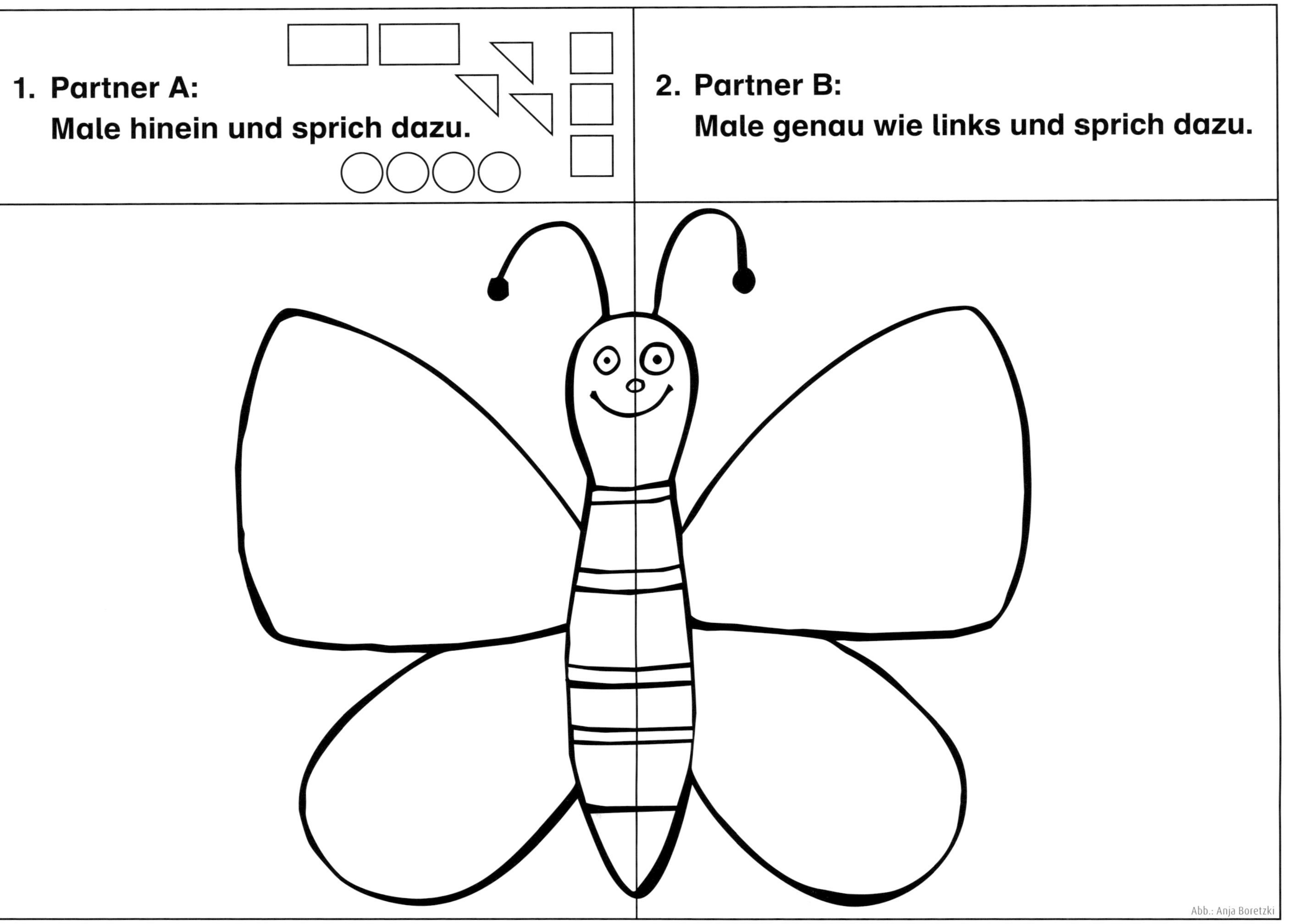

© Verlag an der Ruhr | Autorin: Nina Wilkening | ISBN 978-3-8346-2736-0 | www.verlagruhr.de

Würfelspiel – Formen

1. Ihr braucht: 

2. Würfelt abwechselnd.
Sucht die Zahl auf dem Würfel.
Malt eine passende Form an. Sprecht dazu:
„Ich male den Kreis mit der vier blau an."

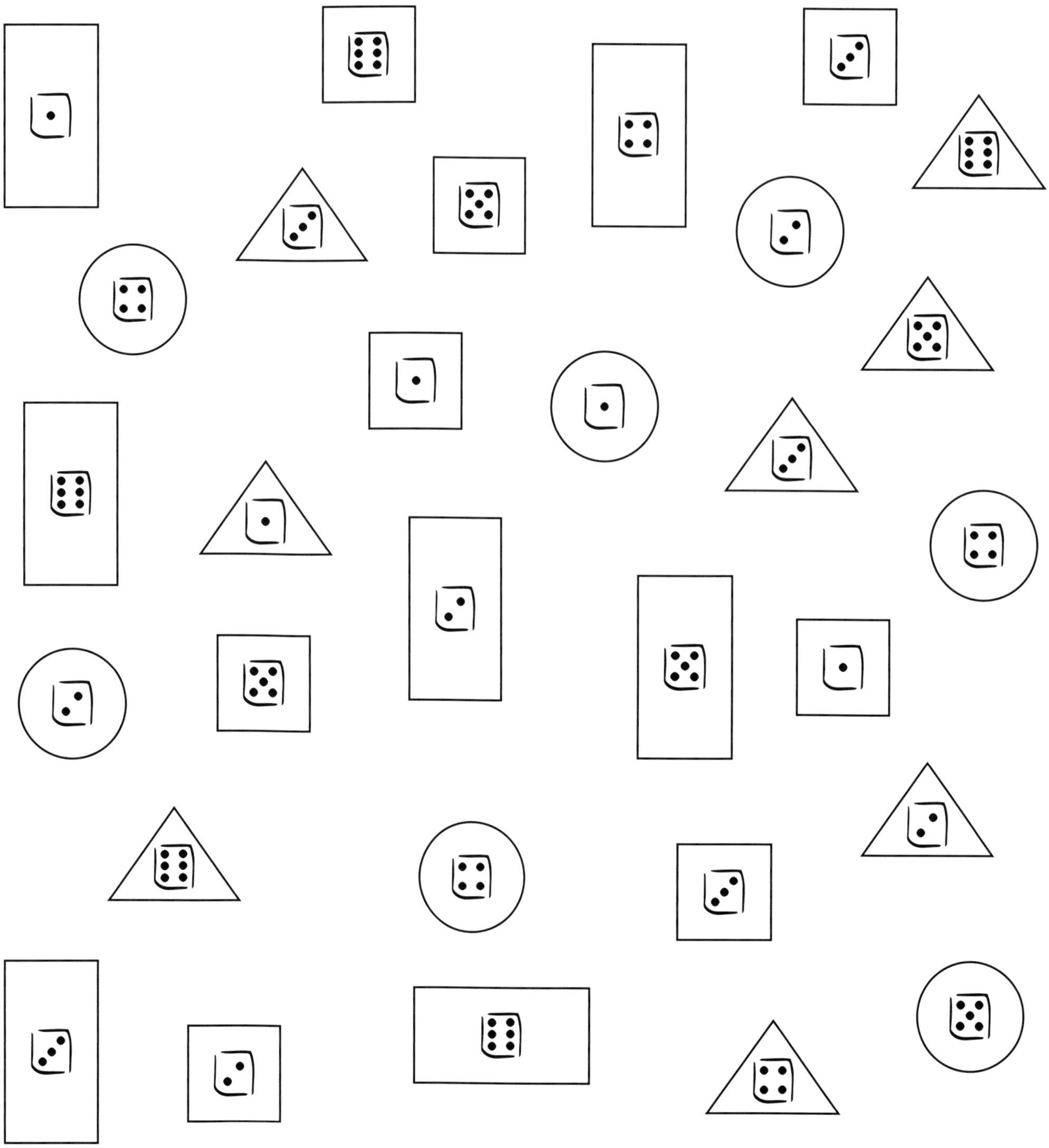

Mini-Einheit: Wir orientieren uns in der Schule

Wortschatz

Schule, Wochentage, Schulfächer

Grammatikthemen

Präpositionen

Sonstige sprachliche Themen:

Phrase „Wo ist/sind …?"

Überblick

In dieser dreistündigen Mini-Einheit geht es darum, die Schulmaterialien und das Schulgebäude kennenzulernen und sich außerdem neben der räumlichen Orientierung auch inhaltlich auf dem Stundenplan zurechtzufinden.

Weiterführende Ideen

Unsere Schulmaterialien und unsere Schule

- Spielen Sie mit den Kindern „Schulmaterialien-Bingo". Dazu benötigt jeder Schüler eine große Bingo-Vorlage (z. B. in DIN A2) und Schulmaterialien (Radiergummi, Spitzer, roter/gelber Stift, Kleber etc.). Nennen Sie nacheinander mit Pause 12 – 15 Schulmaterialien. Die Kinder legen in jedes der neun Bingo-Felder einen Ggenstand. In der zweiten Runde kreuzen die Kinder das Bingo-Feld an, auf dem eine Sache liegt, die Sie nennen. Alternativ können sie auch ein Wendeplättchen mit auf das Feld legen. Die Schulmaterialien bleiben liegen. Ruft ein Kind „Bingo", prüfen Sie.
- Spielen Sie das Kim-Spiel „Was fehlt?". Legen Sie 8 – 10 Schulmaterialien auf einen Tisch. Geben Sie den Kindern ca. eine Minute Zeit, um sich alles einzuprägen. Bitten Sie die Kinder, die Augen zu schließen. Nehmen Sie zwei Dinge weg. Die Kinder öffnen die Augen wieder und sagen Ihnen, was fehlt. Dann nimmt ein Kind zwei Dinge weg.
- Bitten Sie die Schüler, Bilder vom Schulhaus zu zeichnen (z. B. einfache Lagepläne).

Wir orientieren uns im Stundenplan

- Singen Sie mit den Kindern das Bewegungslied „Laurentia", um die Reihenfolge der Wochentage einzuüben.

Links – rechts, vor – hinter, über – unter

- Spielen Sie mit den Kindern im Klassenzimmer, in der Turnhalle oder auf dem Schulhof „Verstecken" mit etwas anderen Regeln: Ein Kind schließt die Augen, die anderen Kinder verstecken sich. Nun öffnet das Kind die Augen wieder und fragt ein anderes, wo es ist („Soner, wo bist du?"). Das angesprochene Kind antwortet aus seinem Versteck („Ich bin unter dem Tisch/hinter dem Sofa."). Das suchende Kind geht hin und schaut nach.
- Alternativ kann das Kind auch so fragen: „Soner, bist du hinter dem Sofa?" Ist Soner hinter dem Sofa, kommt er hervor und sagt: „Ja, ich war hinter dem Sofa." Oder er kommt aus seinem Versteck und sagt: „Nein, ich war unter dem Tisch."
- Wenn Sie im Klassenzimmer keine Möglichkeiten haben, sich zu verstecken, bringen Sie auffällige Gegenstände, z. B. Plastiktiere, mit und lassen diese verstecken. Ein Kind geht dabei vor die Tür, die anderen Kinder verstecken die Tiere. Dann wird gefragt: „Mehmet, wo ist der Elefant?" Mehmet antwortet: „Der Elefant ist hinter der Tafel."

Unsere Schulmaterialien und unsere Schule

Sprachlicher Inhalt

Wortschatz „Schule", Beschreibung von Gegenständen mit Adjektiven und Verben, Phrase „Wo ist/sind …?"

Kompetenzerwartungen

Die Schüler festigen den Wortschatz „Schule". Sie können nach Orten im Schulgebäude fragen und auf die Frage eine Antwort geben.

Materialliste/Vorbereitung

- ca. 5 Schulmaterialien in doppelter Ausführung
- KV „Unsere Schule" im Klassensatz kopiert
- KV „Unsere Schule" 1-mal kopiert und bearbeitet als Lösungsblatt
- KV „Unsere Schule", 1-mal groß kopiert und in einzelne Bilder geschnitten

Stundenverlauf

Einstieg (ca. 5 Min.)

Spielen Sie mit den Kindern im Klassenzimmer das Spiel „Ich sehe was, was du nicht siehst". Es dürfen nur Schulmaterialien erfragt werden, z. B. Mäppchen, Ranzen, Tafel, Kreide etc.

Alternative: Wenn Sie Schüler ohne bzw. mit sehr wenig Deutschkenntnissen haben, sollten Sie das Spiel in folgender Weise abwandeln: Legen Sie mehrere Gegenstände in doppelter Ausführung auf den Lehrertisch (z. B. zwei rote Buntstifte, zwei Bücher, zwei Schreibhefte) und üben Sie die Bezeichnung der Gegenstände mit den Schülern ein. Beschreiben Sie die Gegenstände zusammen mit den Schülern. Bitten Sie die Schüler, die Augen zu schließen, und verstecken Sie die Hälfte der Gegenstände gut sichtbar im Raum. Bitten Sie die Schüler, die Augen wieder zu öffnen, und beschreiben Sie einen Gegenstand. Wer den Gegenstand errät, darf das Gegenstück im Raum suchen. Lassen Sie die Schüler die weiteren Gegenstände beschreiben und suchen.

Arbeitsphase (ca. 30 Min.)

Zeigen Sie den Schülern die Bilder der KV „Unsere Schule". Fordern Sie sie auf, die zusammengehörenden Paare zu bilden und zu erklären, wo diese Orte sind und was an den Orten gemacht wird. Fragen Sie explizit „Wo ist …?"

Geben Sie jedem Schüler bzw. einem Schülerpaar ein Bild eines Schulraums. Bitten Sie die Kinder, sich in einer sinnvollen Reihenfolge aufzustellen, sodass ein Rundgang durch die Schule stattfinden kann, ohne dass es große Umwege gibt. Sollten die Schüler dies nicht allein schaffen, stellen Sie sie in einer sinnvollen Reihenfolge auf. Der vorderste Schüler/das vorderste Schülerpaar nennt sein Ziel und führt die Klasse dorthin. Fragen Sie auch hier wieder: „Wo ist … die Sporthalle?" Dann geben Ihnen die Kinder ihr Bild ab und stellen sich hinten an. Nun ist der nächste Schüler dran. Am Ende kommen Sie zurück ins Klassenzimmer.

Abschluss/Reflexion (ca. 10 Min.)

Verteilen Sie die KV „Unsere Schule" und bitten Sie die Schüler, die Paare zu verbinden. Hängen Sie das Lösungsblatt an die verdeckte Außentafel, sodass Schüler, die fertig sind, kontrollieren können.

Unsere Schule

1. Was gehört zusammen? Verbinde.

Abb.: Anja Boretzki

Abb.: Anja Boretzki

Abb.: Anja Boretzki

Abb.: Anja Boretzki

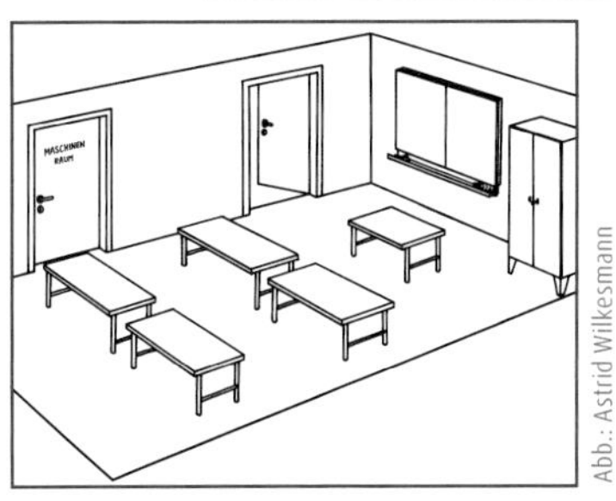

Abb.: Astrid Wilkesmann

Abb.: Anja Boretzki

Abb.: Anja Boretzki

Abb.: Anja Boretzki

Abb.: Verlag an der Ruhr

Abb.: Anja Boretzki

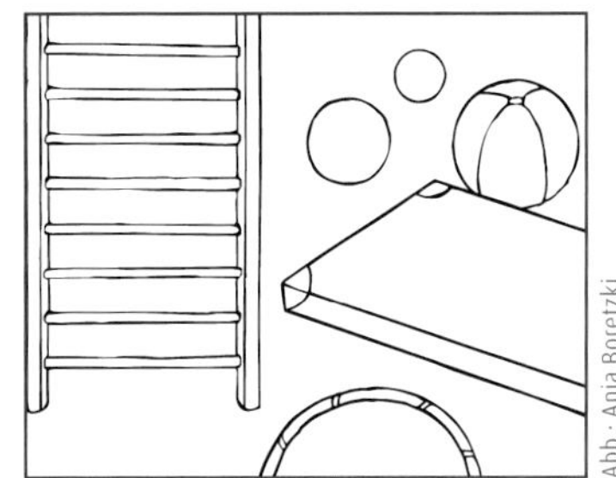

Abb.: Anja Boretzki

Abb.: Anja Boretzki

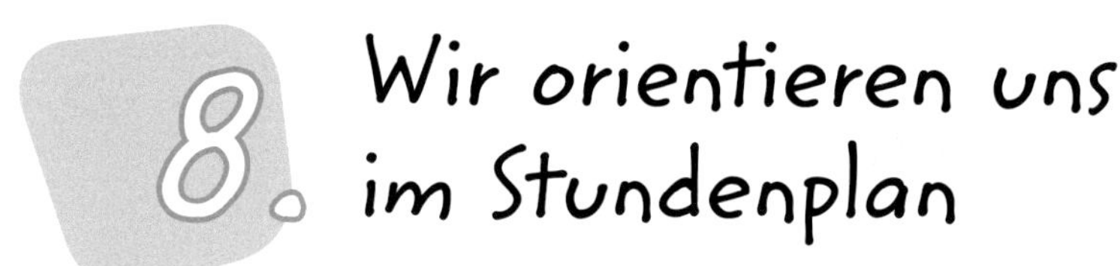

8. Wir orientieren uns im Stundenplan

Sprachlicher Inhalt

Wortschatz „Wochentage", Wortschatz „Schulfächer"

Kompetenzerwartungen

Die Schüler festigen die Vorstellung und die Begriffe der Wochentage. Die Schüler finden sich auf dem Stundenplan zurecht, d. h., sie können die Tabelle „Stundenplan" lesen.

Materialliste/Vorbereitung

- KV „Wochentage und Schulfächer", 1-mal groß kopiert und ausgeschnitten
- KV „Stundenplan", ggf. 1-mal auf OHP-Folie kopiert und Kärtchen ausgeschnitten
- Overheadprojektor oder Dokumentenkamera
- KV „Stundenplan", im Klassensatz kopiert

Stundenverlauf

Einstieg (ca. 5 – 10 Min.)

Hängen Sie die Wochentage-Karten ungeordnet an die Tafel. Fordern Sie die Schüler auf, die Wochentage-Karten in der richtigen Reihenfolge nebeneinander zu hängen. Die Bilder auf den Karten dienen den Kindern als Merkhilfe.

Spielen Sie das Spiel „Sonntag – juchhu". Treffen Sie sich dazu mit den Kindern im Stehkreis vor der Tafel. Sagen Sie „Montag", Ihr linker Nachbar fährt mit „Dienstag" fort. Der sechste Schüler sagt „Sonntag – juchhu", setzt sich und scheidet aus. Der siebte Schüler beginnt wieder bei „Montag". Das Spiel ist beendet, wenn nur noch ein Schüler übrig ist.

Arbeitsphase (25 Min.)

Hängen Sie die Schulfächer-Karten an die Tafel. Bitten Sie die Schüler, die Fächer zu benennen und zu erklären, was man in diesem Fach macht (z. B. „In Deutsch lernen wir lesen und schreiben.").

Spielen Sie mit den Kindern das Spiel „Klatsch drauf". Teilen Sie die Klasse in zwei Teams, die sich in zwei Reihen hintereinander aufstellen. Die jeweils vordersten Schüler in der Reihe stellen sich an die Tafel. Nennen Sie ein Schulfach. Beide Kinder versuchen, möglichst schnell auf das passende Bild zu klatschen. Wer es zuerst schafft, gewinnt einen Punkt für sein Team und stellt sich wieder hinten an.

Die Kinder setzen sich wieder. Legen Sie die OHP-Folie auf oder präsentieren Sie die KV via Dokumentenkamera. Erklären Sie den Kindern an einem Beispiel, wie das Spiel geht: Zwei Kinder spielen gemeinsam, getrennt durch einen Sichtschutz. Ein Partner legt seine Kärtchen in beliebiger Reihenfolge auf sein Stundenplanformular. Nacheinander diktiert er dem Partner, welche Fächer an welchen Tagen in welchen Stunden unterrichtet werden, z. B. „Deutsch habe ich am Montag in der 1. Stunde und am Mittwoch in der 3. Stunde."

Variante: Ein Partner füllt seinen Stundenplan. Der andere Partner fragt nun: „Ist am Montag in der ersten Stunde Deutsch?" Antwortet der Partner mit „Ja", darf das Kind das Kärtchen „Deutsch" in das Feld „Montag/ 1. Stunde" legen. Dies geht so lange, bis der Plan komplett ist. Dann vergleichen die Kinder und wechseln.

Differenzierung: Wenn Sie eine leistungsheterogene Lerngruppe haben, können Sie in 4er-Gruppen spielen, wobei immer ein stärkeres Kind mit einem schwächeren Kind ein Paar bildet, das gegen das andere Paar spielt.

Abschluss/Reflexion (10 Min.)

Spielen Sie das Spiel gegen die Klasse. Erstellen Sie dazu einen dreitägigen Stundenplan an der verdeckten Außentafel. Legen Sie anschließend das Folien-Stundenplanformular auf den OHP oder präsentieren Sie die KV via Dokumentenkamera. Nun befragt die Klasse Sie. Für jeden Treffer bekommt die Klasse einen Strich an der Tafel, für jedes „Nein" bekommen Sie einen Strich. Legen Sie bei jedem Treffer ein Kärtchen in das entsprechende Feld auf dem Stundenplan. Ist der Stundenplan voll bzw. die Zeit zu Ende, werden die Punkte gezählt.

Wochentage und Schulfächer

Montag

© Verlag an der Ruhr

Dienstag

Abb.: Magnus Siemens

Mittwoch

So 5.	
Mo 6.	
Di 7.	
Mi 8.	
Do 9.	
Fr 10.	
Sa 11.	

Donnerstag

Abb.: Anja Boretzki

Freitag

Abb.: Anja Boretzki

Samstag

© Verlag Friedrich Oetinger GmbH

Sonntag

Abb.: Anja Boretzki

Deutsch

© Verlag an der Ruhr

Mathe

Abb.: Anja Boretzki

Sach-unterricht

Abb.: Anja Boretzki

Sport

Abb.: Anja Boretzki

Religion

Abb.: Anja Boretzki

Kunst

Abb.: Anja Boretzki

Musik

Abb.: Anja Boretzki

Pause

Abb.: Petra Lefin

© Verlag an der Ruhr | Autorin: Nina Wilkening | ISBN 978-3-8346-2736-0 | www.verlagruhr.de

Stundenplan

1. Schneide die Kärtchen unten aus.

2. Spiele mit deinem Partner:

- Lege auf jedes Feld ein Fach.
- Sage deinem Partner, wann welches Fach ist.
  Beispiel: „Deutsch ist am Montag in der ersten Stunde."
  Dein Partner füllt seinen Plan genau so aus.
- Vergleicht am Ende eure Pläne.

	Montag	Dienstag	Mittwoch
1.	Deutsch		
2.			
3.			

ISBN 978-3-8346-2736-0 | www.verlagruhr.de

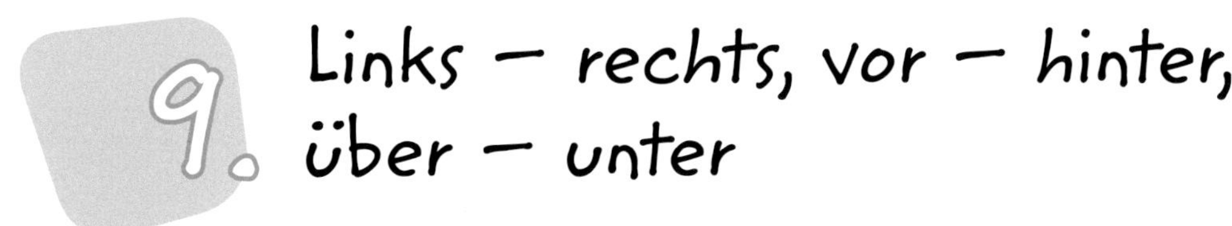

9. Links – rechts, vor – hinter, über – unter

Sprachlicher Inhalt

Präpositionen, Festigung des Wortschatzes „Schulsachen"

Kompetenzerwartungen

Die Schüler können Lagebeziehungen mit Präpositionen ausdrücken. Sie verstehen Präpositionen und können Gegenstände nach Anweisung positionieren.

Materialliste/Vorbereitung

- 1 kleiner Ball/Stein o. Ä.
- Schulsachen: ein Stift, ein Radiergummi, ein Spitzer, ein Klebestift für jedes Paar
- KV „Legekärtchen" (pro Schülerpaar einmal kopiert und zerschnitten, evtl. laminiert)

Stundenverlauf

Einstieg (ca. 15 Min.)

Spielen Sie mit den Kindern im Stuhlkreis „Mein rechter, rechter Platz ist frei!". Dazu benötigen Sie einen Stuhl mehr als Schüler. Das Kind, das links vom freien Platz sitzt, schlägt auf den Stuhl und sagt dabei „Mein rechter, rechter Platz ist frei, ich wünsche mir (z. B. Pedro) herbei." Der gewünschte Schüler fragt: „Als was soll ich kommen?". Das Kind antwortet z. B. „Als Schlange, als Schnecke, als Vogel". Das gewünschte Kind kommt in dieser Weise und setzt sich auf den freien Platz. Dann macht das Kind, neben dem nun der rechte Platz frei ist, weiter.

Nehmen Sie den Ball in die Hand und sagen Sie: „Mein rechter Nachbar heißt Lucca, mein linker Nachbar heißt Mehmet." Drehen Sie sich dabei zu den Kindern und geben Sie dann dem linken Nachbarn den Ball. Ihr linker Nachbar dreht sich zu Ihnen und sagt: „Mein rechter Nachbar heißt Frau Müller", danach dreht er sich zu seinem linken Nachbarn und sagt: „Und mein linker Nachbar heißt Jonas." Die Runde ist vorbei, wenn der Ball wieder bei Ihnen ist.

Bitten Sie die Kinder, die Stühle zum Kinositz umzustellen, und stellen Sie einen Tisch vor die Tafel. Legen Sie die vier Schulsachen an den Rand des Tisches. Bitten Sie einzelne Kinder, die Sachen in folgender Art zusammenzulegen: „Murat, lege den Spitzer in die Mitte des Tisches. Meltem, lege den Radiergummi rechts neben den Spitzer (rechts von den sitzenden Schülern aus gesehen). Miray, lege den Stift hinter den Spitzer. Emir, stelle den Klebestift links neben den Spitzer." Fragen Sie anschließend andere Kinder: „Isa, wo liegt – vom Spitzer aus gesehen – der Radiergummi?" Isa antwortet: „Der Radiergummi liegt rechts neben dem Spitzer." Nehmen Sie den Radiergummi weg und fragen Sie nach den anderen Schulsachen, bis alle weg sind. Spielen Sie mehrere Beispiele durch.

Arbeitsphase (ca. 20 Min.)

Leiten Sie zur Arbeitsphase über. Erklären Sie den Ablauf. Jeweils zwei Schüler arbeiten zusammen. Sie legen einen Stift, einen Spitzer, einen Radiergummi und einen Klebestift bereit. Von Ihnen erhält jedes Paar Legekärtchen, die als Stapel verdeckt auf den Tisch gestellt werden. Schüler A zieht die oberste Karte und diktiert Schüler B, wie er die Materialien anordnen soll. Liegen alle Materialien, wird mit der Karte verglichen. Hat Schüler B alles richtig gemacht, erhält er die Karte, ansonsten wandert sie zurück in den Stapel. Nun zieht Schüler B eine Karte und diktiert Schüler A. Das Spiel ist zu Ende, wenn alle Karten gespielt wurden.

Paare, die das Spiel beendet haben, spielen eine weitere Runde oder nehmen andere Materialien dazu und spielen mit diesen.

Abschluss/Reflexion (ca. 5–10 Min.)

Spielen Sie das Spiel aus der Arbeitsphase in zwei Mannschaften. Jeweils ein Schüler pro Mannschaft kommt zu Ihnen. Es wird wieder abwechselnd diktiert bzw. gelegt. Wurde richtig gelegt, erhält der Schüler, der gelegt hat, für seine Mannschaft einen Punkt. Wurde falsch gelegt, bekommt die Gegenmannschaft den Punkt.

Legekärtchen

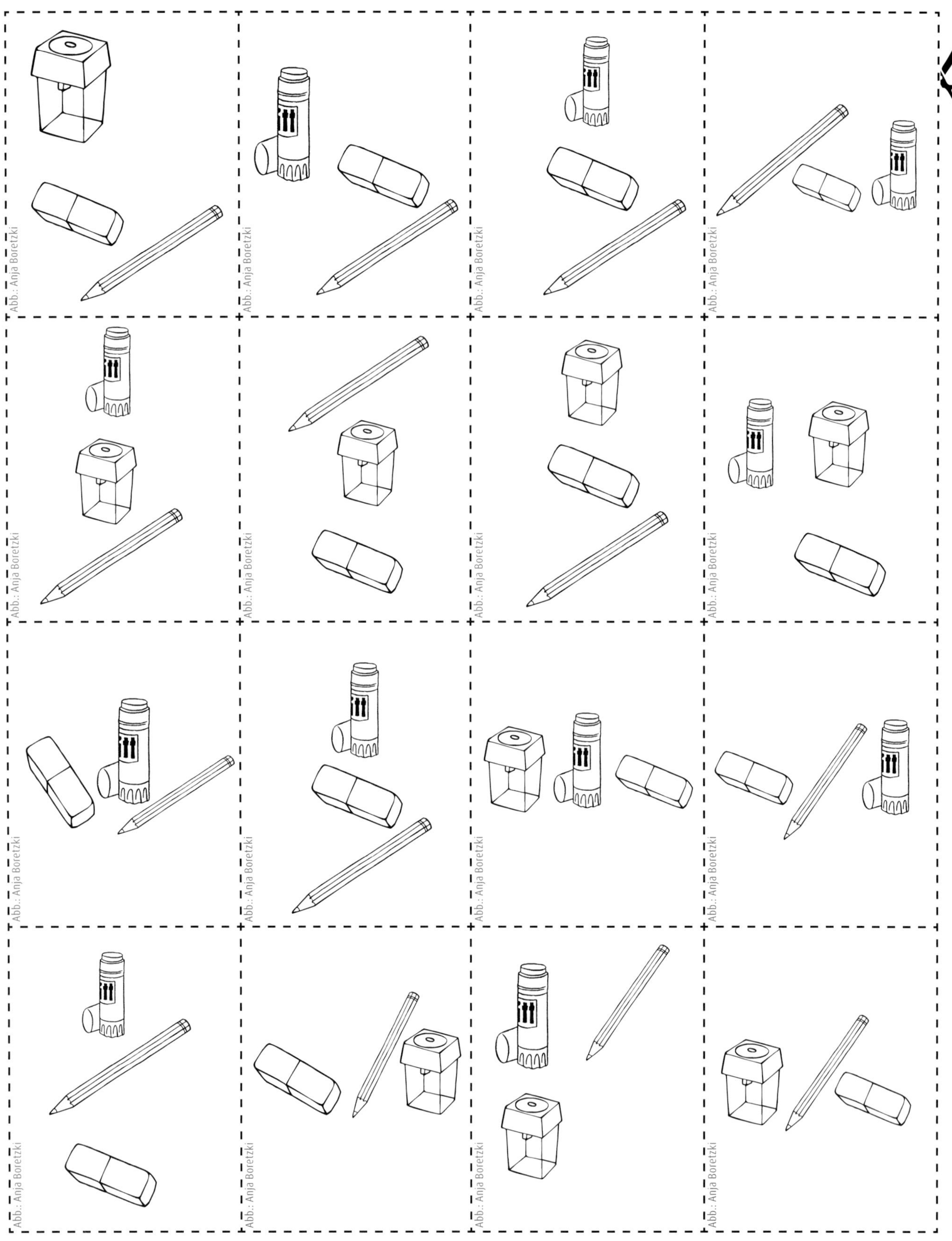

Mini-Einheit: So wohnen wir, so leben wir

Wortschatz

Wohnen, Familie, Haustiere

Grammatikthemen

Einfache Sätze bilden

Überblick

In dieser dreistündigen Mini-Einheit dreht sich alles um das Zuhause der Schüler: um ihre Familie, ihre Wohnung und (eventuell vorhandene oder gewünschte) Haustiere.

Weiterführende Ideen

Familie

- Bitten Sie die Kinder, Familienfotos mitzubringen und den anderen ihre Familie vorzustellen.
- Basteln Sie mit den Kindern Familienbücher: Auf jeder Seite wird ein Bild eines Familienmitglieds gemalt. Wenn die Schüler es möchten, können sie Ihnen kurze Sätze zu den Bildern diktieren, die Sie darunter schreiben.
- Fragen Sie die Kinder nach den Namen für „Mutter/Mama", „Vater/Papa" usw. in ihren Erstsprachen.
- Lesen Sie Kinderbücher und Bilderbücher vor, die von der Familie handeln (z. B. die Conni-Pixi-Bücher).

So wohnen wir

- Falls die Kinder in der Nähe der Schule wohnen, können Sie mit ihnen einen Spaziergang machen und die Häuser der Kinder „besuchen". Dies sollte jedoch nur in Absprache mit den Kindern und deren Familien geschehen. Um kein Kind in Verlegenheit zu bringen, sollten Sie außerdem im Vorfeld mit den Klassenlehrern über die Wohnverhältnisse sprechen.
- Bringen Sie Möbelkataloge mit und lassen Sie die Kinder mit den ausgeschnittenen Möbelbildern Zimmer gestalten (allein oder in Gruppen).
- Lassen Sie die Kinder ihr Traumkinderzimmer malen oder als Diorama erstellen.

Haustiere

- Lassen Sie die Kinder ihre Lieblingsstofftiere mitbringen, sie vorstellen und miteinander mit ihnen spielen.
- Lesen Sie Bilderbücher und Kinderbücher vor, die von Tieren handeln.

Familie

Sprachlicher Inhalt

Wortschatz „Familie", Wortschatz „Haushalt", einfache Sätze bilden (z. B. „Mama kocht.")

Kompetenzerwartungen

Die Schüler kennen die Bezeichnungen für die Familienmitglieder. Sie können in einfachen Sätzen ausdrücken, wer zu einer Familie gehört und welche Aufgaben diese Person in der Familie übernimmt.

Materialliste/Vorbereitung

- KV „Familienmitglieder", ggf. 1-mal auf Folie kopiert
- Overheadprojektor oder Dokumentenkamera
- KV „Familienmitglieder", 1-mal kopiert und ausgefüllt als Lösungsblatt
- KV „Familienmitglieder" und „Aufgaben in der Familie", je 1-mal in Klassenstärke kopiert

Stundenverlauf

Einstieg (ca. 10 – 15 Min.)

Schreiben Sie das Wort „Familie" groß an die Tafel. Erklären Sie den Kindern, dass es in der heutigen Stunde um die Familie geht und dass es ganz unterschiedliche Familienzusammensetzungen gibt. Bitten Sie die Schüler aufzuzählen, wer alles zu einer Familie dazugehören kann. Erstellen Sie eine Mindmap an der Tafel. Teil dieser Mindmap sollten auch z. B. „Stiefvater"/„Stiefmutter", „Stiefgeschwister", „Halbgeschwister" sein.

Erzählen Sie von Ihrer persönlichen Familienzusammensetzung („Zu meiner Familie gehören …" oder „Bei mir zu Hause wohnen …"), evtl. auch von der von Freunden, um ein Beispiel für eine Scheidungs- oder Patchworkfamilie vorzugeben. Fordern Sie die Schüler auf, davon zu berichten, wer zu ihrer Familie gehört. Dies sollte freiwillig geschehen.

Arbeitsphase (ca. 15 – 20 Min.)

Leiten Sie zur Arbeitsphase über. Legen Sie die Folie auf den OHP oder präsentieren Sie die KV via Dokumentenkamera, decken Sie die Wortleisten links und rechts vom Bild sowie die untere Hälfte der KV ab. Fordern Sie die Schüler auf, die Personen zu beschreiben und zuzuordnen, wer welches Familienmitglied ist. Bitten Sie die Schüler auch, zu erklären, woran sie erkennen, wer welches Familienmitglied ist (z. B. „Den Opa erkenne ich an den Falten und der Glatze.").

Decken Sie die Wortleisten auf. Bitten Sie die Schüler, die Begriffe vorzulesen. Schreiben Sie eine Nummer als Beispiel in einen Kreis.

Verteilen Sie nun die KV „Familienmitglieder" an die Schüler. Weisen Sie auf das Lösungsblatt hin.

Die Schüler bearbeiten die Aufgaben. Schüler, die die Aufgabe erledigt haben, kontrollieren die erste Aufgabe anhand des Lösungsblattes und bearbeiten das zweite Arbeitsblatt „Aufgaben in der Familie".

Schüler, die auch das zweite Arbeitsblatt bearbeitet haben, treffen sich an der Haltestelle und besprechen das Arbeitsblatt „Aufgaben in der Familie".

Abschluss/Reflexion (ca. 10 – 15 Min.)

Besprechen Sie mit den Kindern das Arbeitsblatt „Aufgaben in der Familie". Lassen Sie Schüler, die die Zusatzaufgabe bearbeitet haben, diese vorstellen. Geben Sie den Kindern ausreichend Gelegenheit, von den unterschiedlichen Aufgabenverteilungen in ihren Familien zu berichten.

Je nachdem, wie viel Zeit Sie übrig haben, können Sie die gemalten Familienbilder im Museumsgang ansehen oder von den Schülern einzeln präsentieren lassen (z. B. im Stuhlkreis).

Familienmitglieder

1. Schreibe die Nummern der Familienmitglieder in die Kreise.

Abb.: Anja Boretzki

- ◯ Mama
- ◯ Papa
- ◯ Oma
- ◯ Opa
- ◯ Sohn
- ◯ Tochter
- ◯ Baby
- ◯ Hund

**2. Wer gehört zu deiner Familie?
Schreibe die Namen der Familienmitglieder auf und male deine Familie in den Rahmen.**

....

....

....

....

....

....

....

....

© scenery1 – Fotolia.com

© Verlag an der Ruhr | Autorin: Nina Wilkening | ISBN 978-3-8346-2736-0 | www.verlagruhr.de

Aufgaben in der Familie

Abb.: Anja Boretzki

1. Wer erledigt bei euch welche Arbeit?
Schreibe die passende Nummer in die Kreise.

2. Fallen dir noch weitere Aufgaben ein?
Male sie in die freien Kästchen.

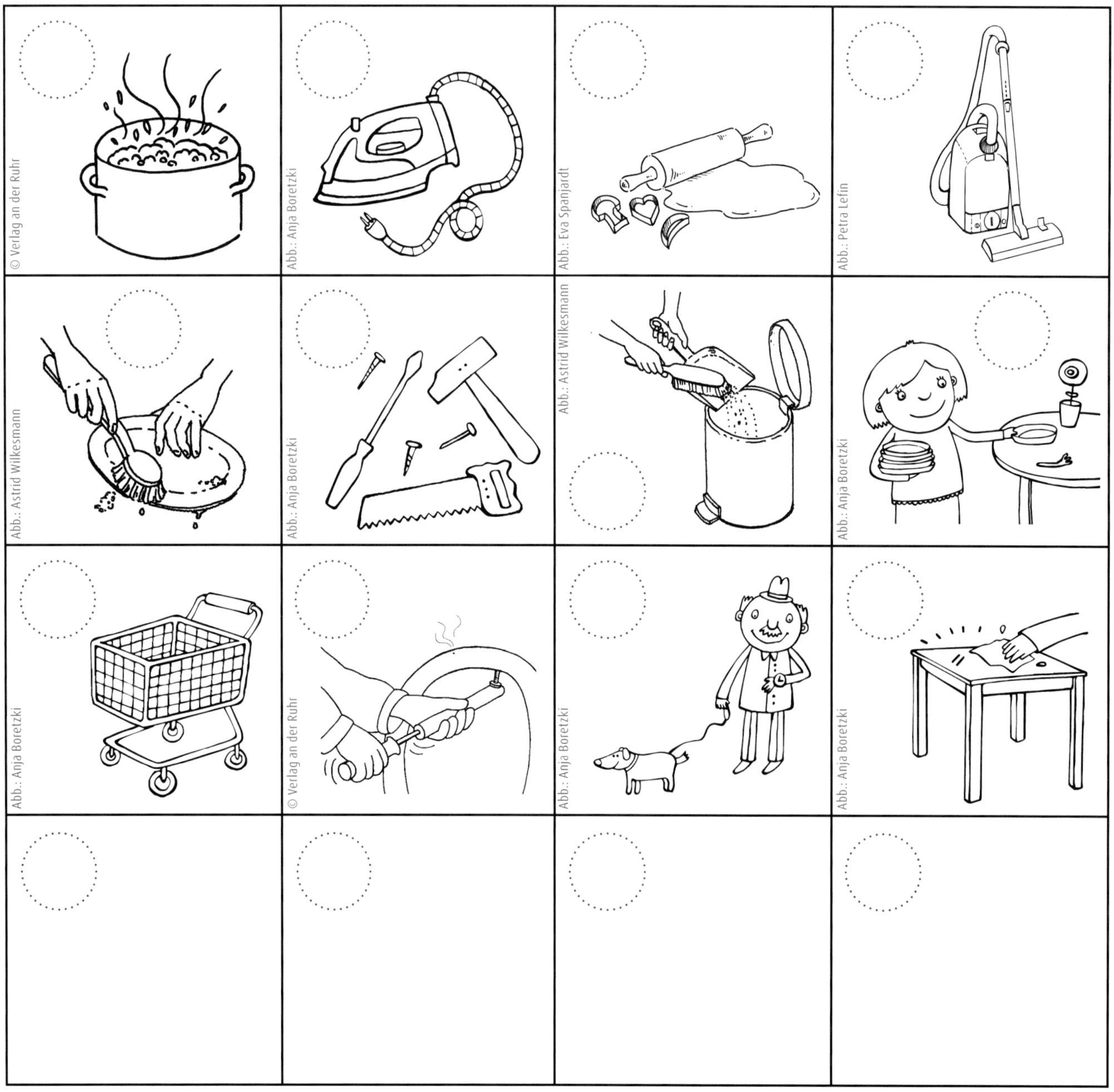

© Verlag an der Ruhr
Abb.: Anja Boretzki
Abb.: Eva Spanjardt
Abb.: Petra Lefin
Abb.: Astrid Wilkesmann
Abb.: Anja Boretzki
Abb.: Astrid Wilkesmann
Abb.: Anja Boretzki
Abb.: Anja Boretzki
© Verlag an der Ruhr
Abb.: Anja Boretzki
Abb.: Anja Boretzki

© Verlag an der Ruhr | Autorin: Nina Wilkening | ISBN 978-3-8346-2736-0 | www.verlagruhr.de

11. So wohnen wir

Sprachlicher Inhalt

Wortschatz „Wohnen"

Kompetenzerwartungen

Die Schüler festigen den Wortschatz „Wohnen" und können Gegenstände einzelnen Räumen zuordnen.

Materialliste/Vorbereitung

- ca. 10 Realien, die aus verschiedenen Räumen stammen (z. B. Seife, Zahnbürste, Topf, Messer, Toilettenpapierrolle, Fernbedienung, Zeitung, Kinderbuch, Spielzeug(auto) usw.)
- pro 4er-Gruppe: 1 Brettspielvorlage (KV „Brettspiel – Aufräumen (1/3)") auf DIN A3 kopiert, 4 Spielfiguren, 1 Würfel, ein Kartensatz (KV „Brettspiel – Aufräumen (2/3) + (3/3)") auf DIN A4 kopiert
- 3 Kartensätze aus KV „Brettspiel – Aufräumen (2/3) + (3/3)"

Stundenverlauf

Einstieg (ca. 10 – 15 Min.)

Treffen Sie sich mit den Schülern im Stuhlkreis. Breiten Sie die Gegenstände als stummen Impuls auf dem Boden aus. Geben Sie den Kindern Gelegenheit, sich zu den Gegenständen frei zu äußern. Bitten Sie die Schüler gegebenenfalls, die Gegenstände zu gruppieren, und lenken Sie sie, wenn nötig, dahin, dass sie die Gegenstände nach Räumen in einer Wohnung sortieren (z. B. „Die Seife und die Zahnbürste gehören ins Badezimmer.").

Kommen Sie mit den Kindern ins Gespräch darüber, wie diese zu Hause wohnen. Erzählen Sie auch von Ihrer Wohnung/Ihrem Haus.

Arbeitsphase (ca. 15 – 20 Min.)

Leiten Sie zur Arbeitsphase über und erzählen Sie als Rahmengeschichte, dass bei Familie Müller ein großes Durcheinander herrscht und die Kinder nun aufräumen sollen. Zeigen Sie den Schülern die Brettspielvorlage und erklären Sie die Regeln: Jeder zieht 5 Karten und legt diese vor sich hin. Ziel des Spiels ist, dass alle 5 Karten einzeln und nacheinander in das jeweils richtige Zimmer weggeräumt werden. Die Schüler würfeln und steuern ein passendes Zimmer an, um dort eine Karte abzulegen. Wer eine höhere Zahl würfelt, als er zum Erreichen des Zimmers benötigt, darf die restlichen Schritte wieder zurückgehen. Wird ein Gegenstand weggeräumt, sagt der Schüler: „Der Topf gehört in die Küche." Wer einen Gegenstand weggebracht hat, steuert wieder das Startfeld an und holt den nächsten Gegenstand. Erst wenn alle Gegenstände weggeräumt sind und man wieder auf dem Startfeld ist, ist das Spiel gewonnen. Teilen Sie die Schüler in 4er-Gruppen ein und verteilen Sie die Spielmaterialien. Die Schüler spielen gemeinsam das Brettspiel.

Gehen Sie herum und achten Sie darauf, dass die Schüler auch sprechen. Schnelle Gruppen spielen eine weitere Runde.

Abschluss/Reflexion (ca. 10 – 15 Min.)

Verteilen Sie zwei Kartensätze an die Schüler, sodass jeder Schüler mehrere Karten bekommt, die er verdeckt hält. Nehmen Sie den dritten Kartensatz. Ziehen Sie die oberste Karte und benennen Sie den abgebildeten Gegenstand, ohne den Schülern das Bild zu zeigen. Die beiden Schüler, die die beiden Karten mit dem genannten Gegenstand haben, rennen zur Tafel. Wer zuerst dort ankommt, hat gewonnen und darf seine Karte behalten. Der andere gibt seine Karte ab. Spielen Sie Ihren gesamten Kartensatz durch. Bitten Sie anschließend die Schüler, zu zählen, wie viele Karten sie noch besitzen. Wer die meisten Karten hat, hat gewonnen.

Brettspiel – Aufräumen (1/3)

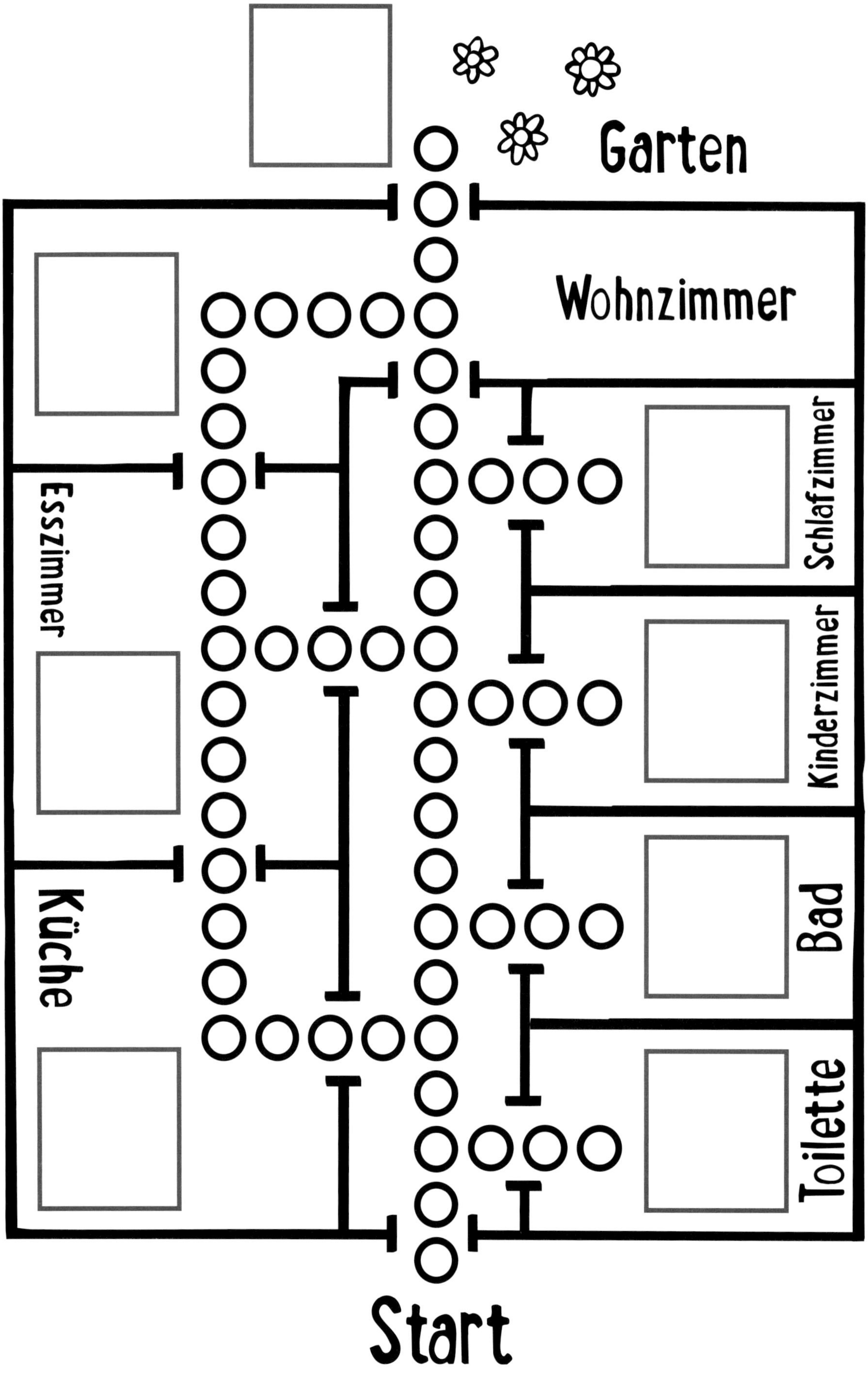

Garten

Wohnzimmer

Schlafzimmer

Esszimmer

Kinderzimmer

Küche

Bad

Toilette

Start

 © Verlag an der Ruhr | Autorin: Nina Wilkening | ISBN 978-3-8346-2736-0 | www.verlagruhr.de

Brettspiel – Aufräumen (2/3)

Brettspiel – Aufräumen (2/3)

© Verlag an der Ruhr | Autorin: Nina Wilkening | ISBN 978-3-8346-2736-0 | www.verlagruhr.de

12. Haustiere

Sprachlicher Inhalt

Wortschatz „Haustiere"

Kompetenzerwartungen

Die Schüler festigen ihren Wortschatz zum Thema „Tiere". Die Schüler können Gegenstände den einzelnen Tieren zuordnen.

Materialliste/Vorbereitung

- KV „Haustiere", 1-mal groß kopiert und Karten ausgeschnitten
- pro 4er-Gruppe: KV „Haustiere", beide Seiten je 2-mal kopiert. Jeder Spieler bekommt als Lottovorlage eine komplette Karte, der andere Satz Kopiervorlagen wird entweder von Ihnen oder von den Kindern in Karten zerschnitten.
- ggf. Scheren

Stundenverlauf

Einstieg (ca. 15 Min.)

Hängen Sie die großen Tierkarten an die Tafel. Bitten Sie die Schüler, die Tiere zu benennen, und fordern Sie sie auf, zu erzählen, was die Tiere brauchen. Hängen Sie, wie bei einer Mindmap, die Bildkarten der Gegenstände um die Tiere herum. Fordern Sie die Schüler anschließend auf, zusammenzufassen, was die Tiere alles benötigen (z. B. „Ein Hund braucht eine Leine, einen Fressnapf …", „Ein Vogel braucht Wasser und Flugmöglichkeiten …"). Kommen Sie mit den Schülern ins Gespräch über Haustiere. Fragen Sie nach, ob die Kinder Haustiere haben oder sich welche wünschen.

Arbeitsphase (ca. 20 Min.)

Erklären Sie den Kindern die Spielregeln des Haustier-Lottos. Jeweils 4 Kinder spielen zusammen. Sollte die Schülerzahl nicht durch vier teilbar sein, gibt es eine/mehrere 3er-Gruppe/n. Geben Sie dieser Gruppe dann entsprechend weniger Material.

Jeder Schüler erhält eine Lottovorlage. Die Kärtchen werden ggf. noch geschnitten und danach verdeckt auf dem Tisch verteilt. Der erste Spieler zieht eine Karte und benennt den Gegenstand mit Artikel. Derjenige Schüler, der die Karte auf seiner Vorlage hat, meldet sich („Die Leine gehört zu meinem Hund.") und legt sie auf seine Vorlage. Gewonnen hat derjenige Schüler, der seine Vorlage zuerst vollständig bedeckt hat. Gehen Sie während der Spielphase herum und achten Sie darauf, dass die Schüler auch wirklich sprechen.

Schülergruppen, die fertig sind, spielen eine weitere Runde. Brechen Sie das Spiel nach ca. 20 Minuten ab und fragen Sie nach, wer gewonnen hat bzw. die meisten Karten hat.

Abschluss/Reflexion (10 Min.)

Spielen Sie mit den Kindern das Spiel „Menschen-Memo". Schicken Sie zwei Spieler nach draußen. Die übrigen Kinder bilden Paare und wählen ein Tier, das beide mit derselben Gestik und demselben Tiergeräusch nachahmen. Holen Sie die beiden Spielerkinder wieder herein. Alle anderen setzen sich auf die Tische. Spieler 1 ruft zwei Kinder auf, die sich hinstellen und ihr Tier darstellen. Das Spielerkind sagt: „Meltem ist ein Hase. Sila ist ein Vogel. Ihr seid kein Paar." oder „Meltem ist ein Hase. Sila ist auch ein Hase. Ihr seid ein Paar." Wurde ein Paar gefunden, setzen sich die Kinder auf ihre Stühle. Halten Sie mit Strichlisten an der Tafel fest, wie viele Paare jeder Spieler gefunden hat.

Variante für kleine Gruppen: Spielen Sie Tiere-Raten. Ein Schüler ahmt ein Tiergeräusch mit passender Geste nach, die anderen Schüler raten.

Haustiere (1/2)

© Verlag an der Ruhr | Autorin: Nina Wilkening | ISBN 978-3-8346-2736-0 | www.verlagruhr.de

Haustiere (2/2)

© Verlag an der Ruhr | Autorin: Nina Wilkening | ISBN 978-3-8346-2736-0 | www.verlagruhr.de

Mini-Einheit: Wir treffen uns mit unseren Freunden

Wortschatz

Freizeitunternehmungen (Verben und Verbgruppen)

Grammatikthemen

Adjektive

Überblick

In dieser dreistündigen Mini-Einheit geht es um das Thema „Freundschaft". „Wie muss ein Freund sein, der zu mir passt?", wird in der ersten Stunde gefragt (**Stunde 13:** Freunde). In der zweiten Stunde (**Stunde 14:** Hier war ich schon, hier bin ich gern) geht es um die Lieblingsorte der Schüler. Diese Stunde dient zur Vorentlastung der dritten Stunde (**Stunde 15:** Wir treffen uns mit unseren Freunden), in der beide Themen miteinander verbunden werden und die Schüler sich Gedanken darüber machen, was sie mit ihren Freunden unternehmen können.

Weiterführende Ideen

Freunde

- Lesen Sie eines der folgenden Bilderbücher vor:
  - Eric Carle: „Die kleine Maus sucht einen Freund" (versch. Ausgaben)
  - Helen Piers: „Die Maus sucht ein Haus" (antiquarisch erhältlich, ISBN 978-3551531179)
  - Helme Heine: „Freunde" (versch. Ausgaben)
- Singen Sie das Lied „Katzentatzentanz" von Frederik Vahle (versch. Anbieter) und lassen Sie die Kinder die einzelnen Tiere spielen. Es gibt dazu auch das Bilderbuch „Der Katzentatzentanz" von Helme Heine und Frederik Vahle (ISBN 978-3407770356).

Hier war ich schon, hier bin ich gern

- Besorgen Sie Prospekte und Reiseführer über die Region, in der Ihre Schule liegt (z. B. aus der Tourist Information). Sehen Sie sich mit den Schülern die dort gemachten Ausflugstipps an. Besorgen Sie von Prospekten so viele Exemplare, dass die Kinder diese auch als Anregung für die Eltern mit nach Hause nehmen können.

Wir treffen uns mit unseren Freunden

- Gehen Sie mit den Schülern die Treffpunkte in der Schulumgebung ab (z. B. Spielplatz, Sportplatz usw.).
- Spielen Sie mit den Kindern im Pausenhof Spiele, die diese zu zweit oder zu dritt in ihrer Freizeit im Freien spielen können (z. B. Seilhüpfen, Gummitwist, Ballspiele, wie „Schweinchen in der Mitte", Hüpfkästchen, Verstecken, Fangen).
- Widmen Sie eine Stunde dem Thema „Was kann ich mit Freunden alles zu Hause (z. B. bei schlechtem Wetter) unternehmen?" Bitten Sie die Kinder, Gesellschaftsspiele mitzubringen, oder spielen Sie die Gesellschaftsspiele, die evtl. in der Klasse vorhanden sind. Bringen Sie den Kindern Spiele bei, die sie zu Hause selbst herstellen können (z. B. „Schiffe versenken" in einfacher Variante, „Drei gewinnt" (s. Stunde 22)). Auch basteln oder gemeinsam Musik hören können sich anbieten.
- Fordern Sie die Kinder auf, Inlineskates, Skateboards, Roller, Bälle etc. mitzubringen, und verbringen Sie gemeinsam eine Stunde auf dem Pausenhof. Geben Sie den Kindern (falls noch nicht geschehen) die Gelegenheit, sich noch intensiver miteinander zu befreunden.

13. Freunde

Sprachlicher Inhalt

sich zum Thema Freundschaft äußern

Kompetenzerwartungen

Die Schüler erkennen, wer ein Freund sein kann und was Freunde miteinander unternehmen können.

Materialliste/Vorbereitung

- KV „Freunde können viel zusammen machen" und „Wer kann ein Freund sein?" jeweils in Klassenstärke kopiert
- Scheren und Klebstoff

Stundenverlauf

Einstieg (ca. 10 – 15 Min.)

Malen Sie zwei Strichmännchen an die Tafel, die sich die Hand geben, schreiben Sie darunter das Wort „Freund". Erzählen Sie von Ihrem Freund oder Ihrer Freundin (evtl. auch aus Kindertagen). Geben Sie den Schülern ausreichend Möglichkeit, davon zu berichten, was für sie ein Freund ist, wer ihr Freund ist und was sie mit ihm bereits erlebt haben.

Arbeitsphase (ca. 15 – 20 Min.)

Zeigen Sie den Schülern die beiden Kopiervorlagen und erklären Sie diese.

Beim Bearbeiten der KV „Freunde können viel zusammen machen" sollen sich die Schüler darüber bewusst werden, in welchen Situationen es schön ist, nicht allein zu sein, sondern einen Freund zu haben.

Die KV „Wer kann ein Freund sein?" soll die Schüler zum Nachdenken anregen. Sie sollen erkennen, dass Fernseher und Computer keine Freunde sind. Es ist hilfreich, wenn Sie mit den Schülern das Beispiel Kuscheltier vor Beginn der Arbeitsphase erörtern. Ein Kuscheltier kann mir zwar nicht helfen, wenn meine Leiter abgerutscht ist, aber es kann mir zuhören, wenn ich Probleme habe. Dies wird von den Schülern eventuell unterschiedlich gesehen. Um kein Kind, das ein Kuscheltier zum Freund hat, auszuschließen, sollten Sie dies vorher ansprechen.

Die Schüler bearbeiten die Aufgaben in Partnerarbeit und sprechen dabei miteinander zum Thema.

Kinder, die beide Aufgaben erledigt haben, überlegen sich eigene Beispiele, wer ein Freund sein kann, und malen oder schreiben diese zusätzlich auf das Blatt.

Abschluss/Reflexion (ca. 5 – 10 Min.)

Besprechen Sie die Aufgaben mit den Schülern. Fordern Sie sie auf, die abgebildeten Situationen zu beschreiben und zu begründen, warum jemand ein Freund sein, bzw. nicht sein kann.

Sollten Sie noch Zeit übrig haben, können Sie gemeinsam überlegen, wie man einen Freund finden kann.

Freunde können viel zusammen machen

1. **Schneide die Bilder aus.**
2. **Immer zwei Bilder gehören zusammen.**
   Finde sie und klebe sie nebeneinander auf.

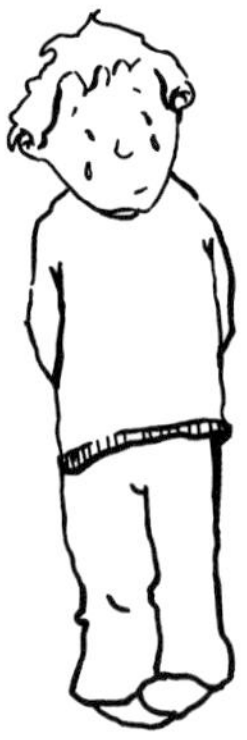

Abb.: Petra Lefin

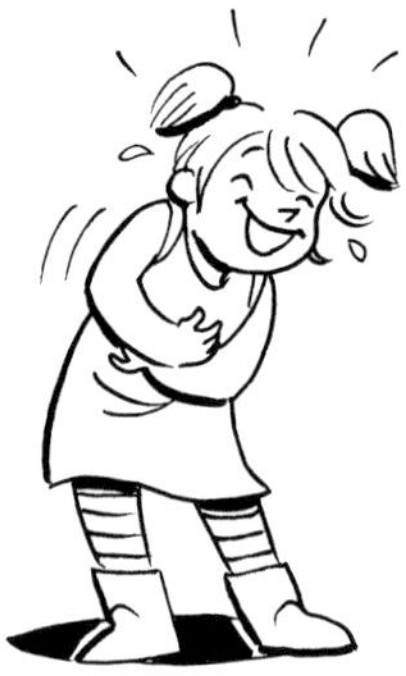

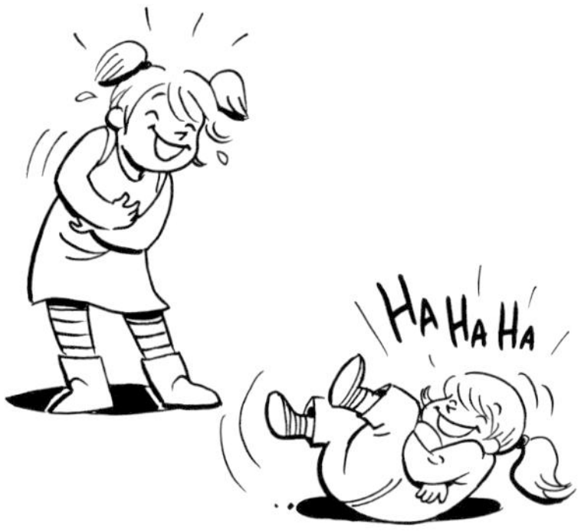

Abb.: Norbert Höveler

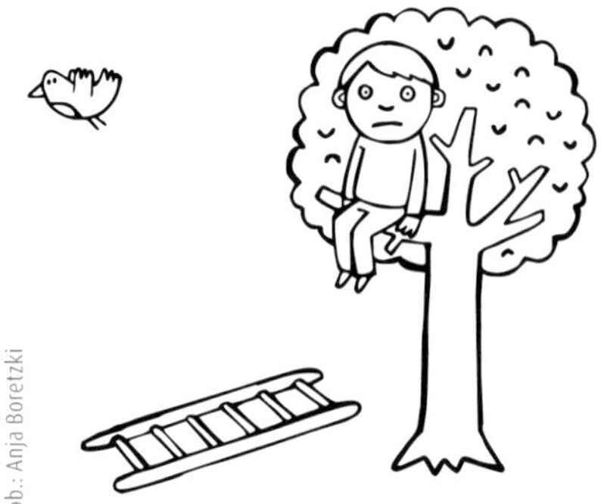

Abb.: Anja Boretzki

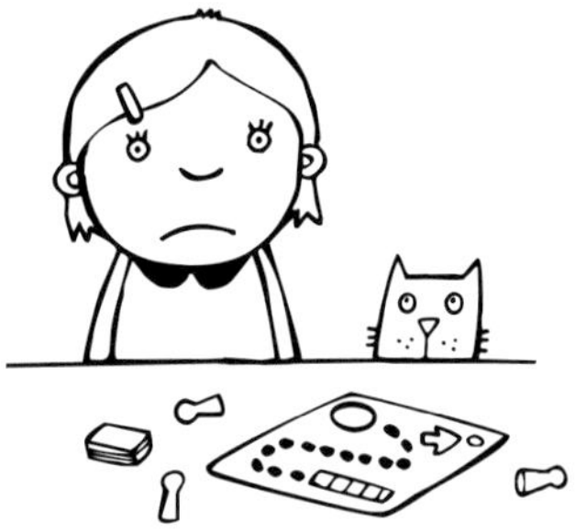

Abb.: Anja Boretzki

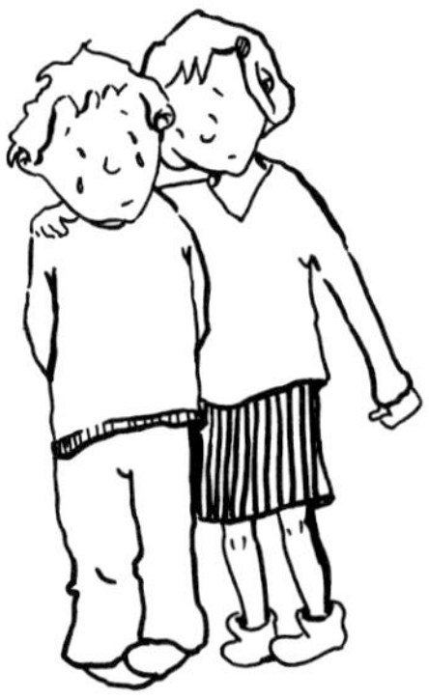

Abb.: Petra Lefin

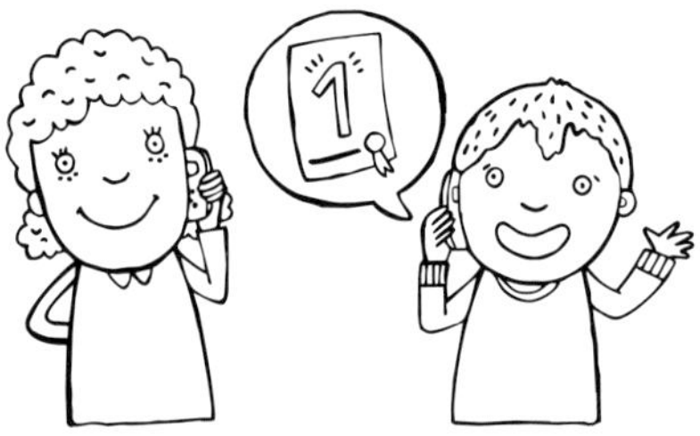

Abb.: Anja Boretzki

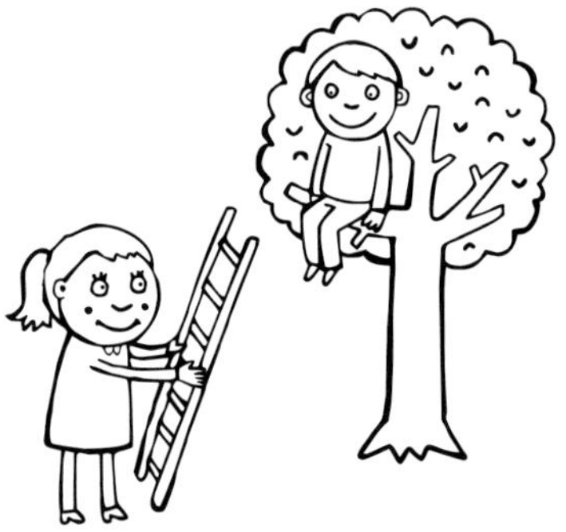

Abb.: Anja Boretzki

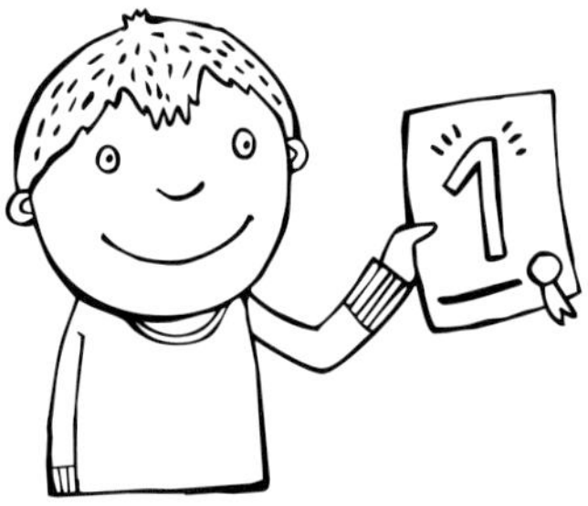

Abb.: Anja Boretzki

HaHaHa

Abb.: Norbert Höveler

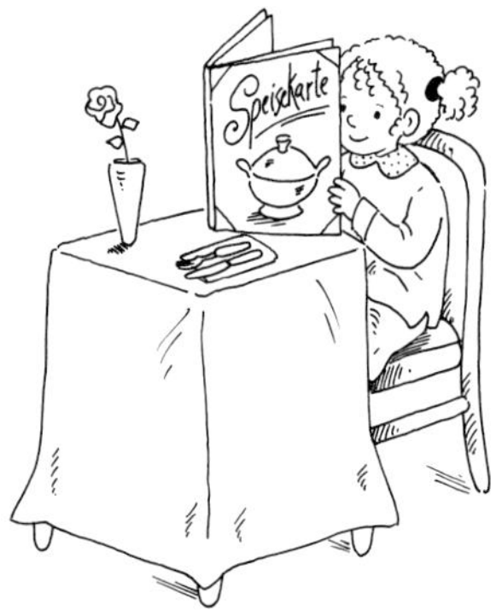

Speisekarte

Abb.: Eva Spanjardt

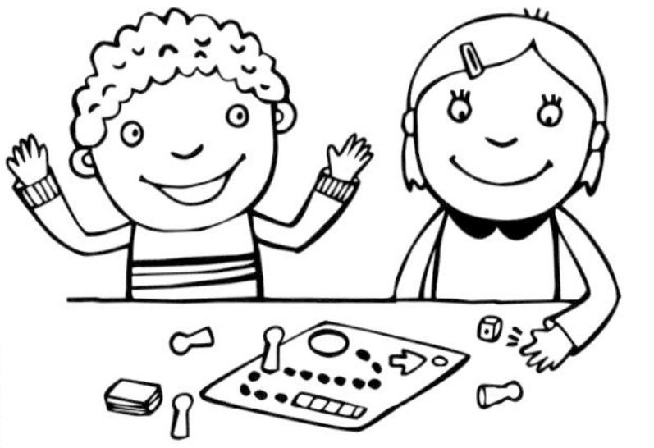

Abb.: Anja Boretzki

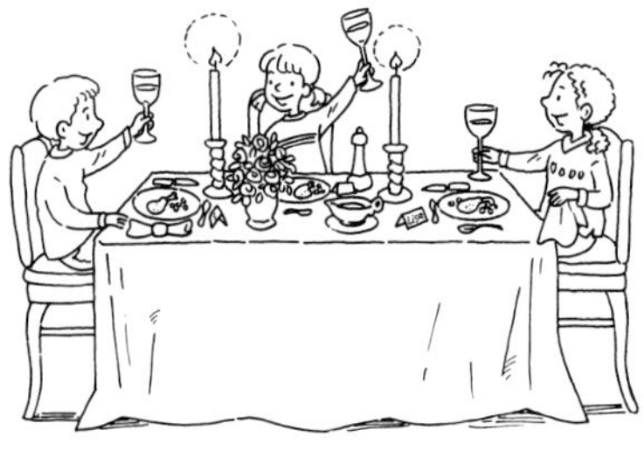

Abb.: Eva Spanjardt

Wer kann ein Freund sein?

1. Kreise ein, wer ein Freund sein kann. 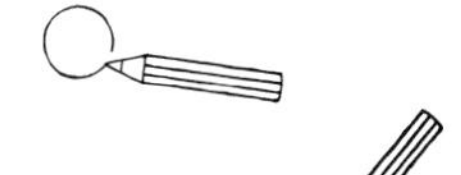

2. Streiche durch, wer kein Freund sein kann.

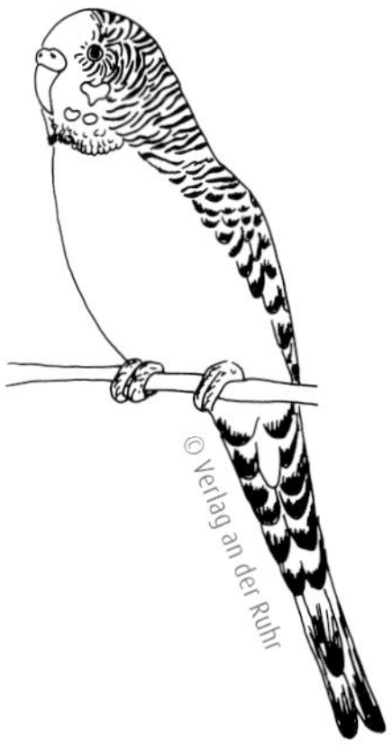

© Verlag an der Ruhr

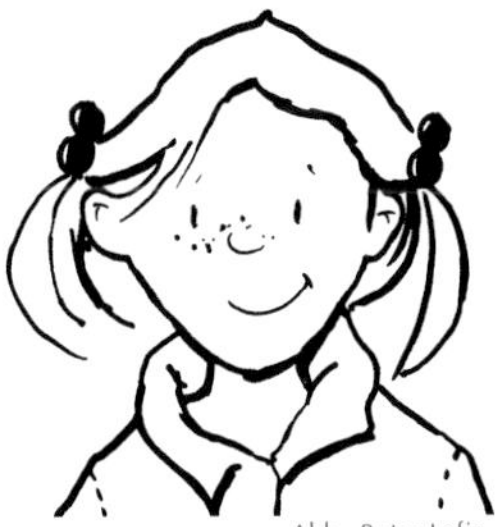

Abb.: Petra Lefin

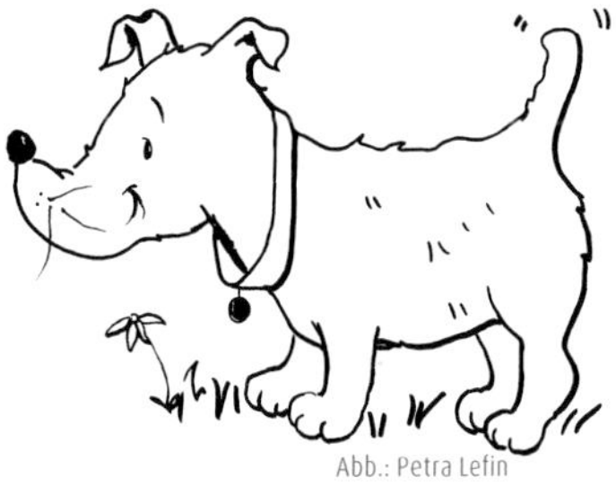

Abb.: Petra Lefin

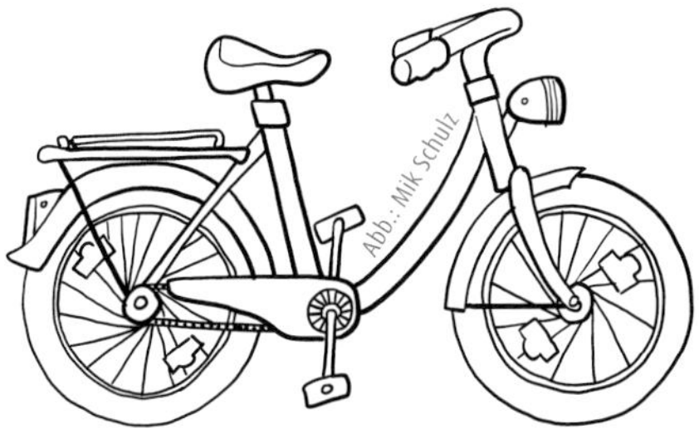

Abb.: Mik Schulz

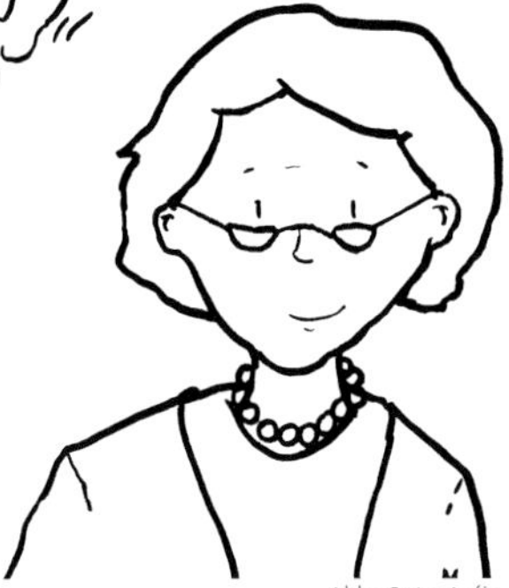

Abb.: Petra Lefin

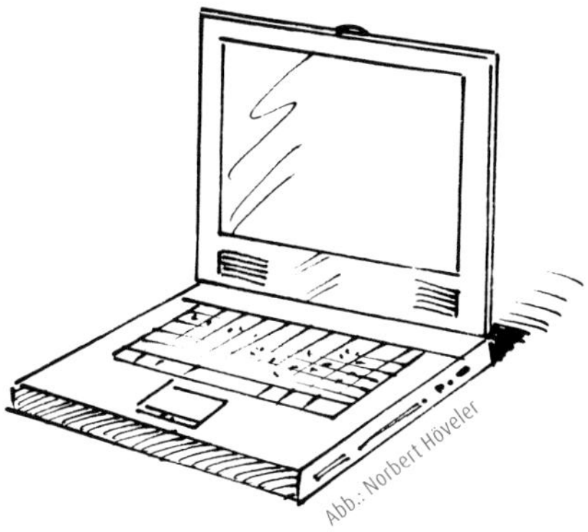

Abb.: Norbert Höveler

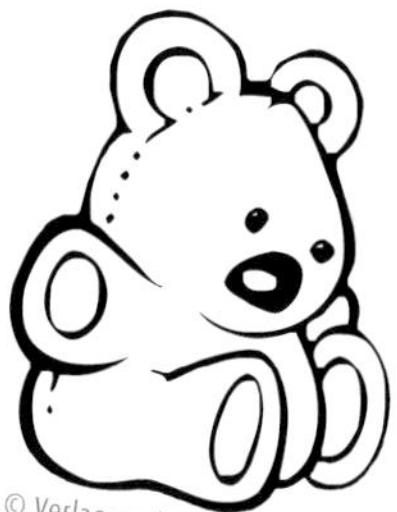

© Verlag an der Ruhr

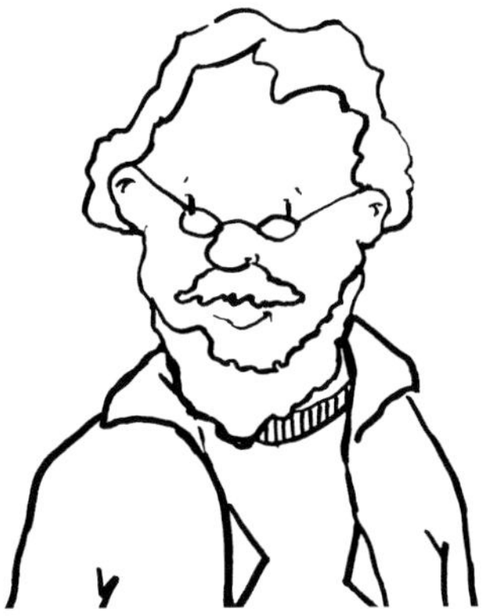

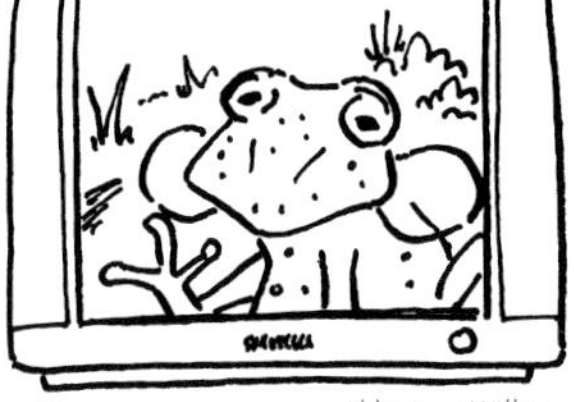

Abb.: Petra Lefin

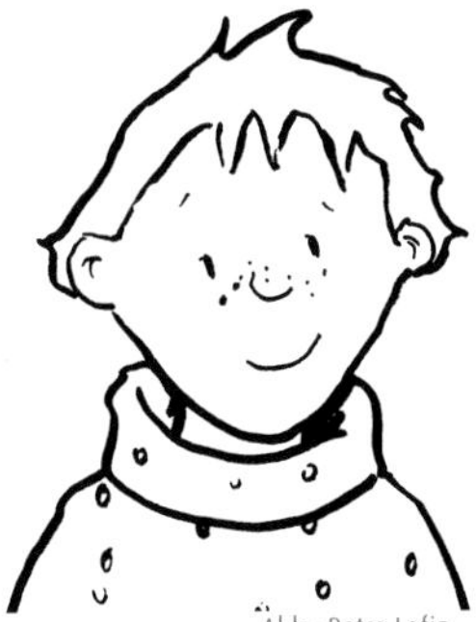

Abb.: Petra Lefin

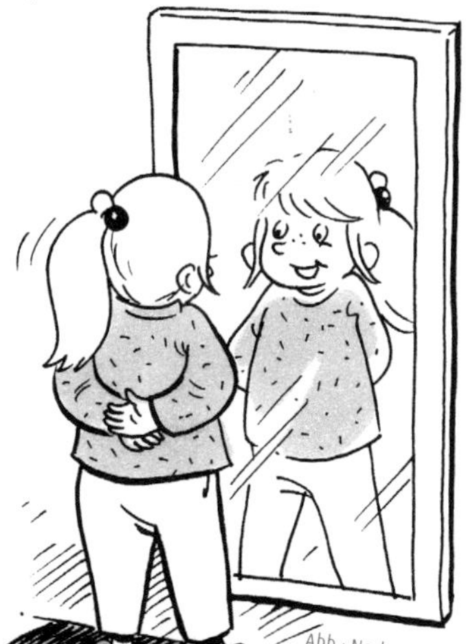

Abb.: Norbert Höveler

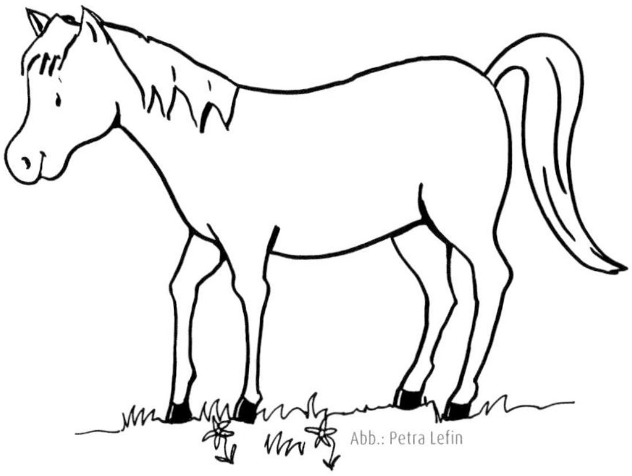

Abb.: Jens Müller

Abb.: Petra Lefin

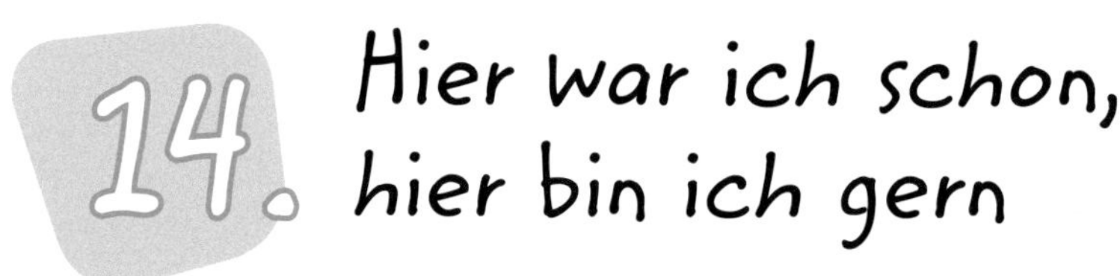

14. Hier war ich schon, hier bin ich gern

Sprachlicher Inhalt

Orte und Plätze beschreiben

Kompetenzerwartungen

Die Schüler kennen tolle Orte in der näheren Umgebung und können von eigenen Erlebnissen an diesen Orten berichten.

Materialliste/Vorbereitung

- KV „Hier bin ich gern – tolle Orte (1/2)", 1-mal so groß kopiert, dass die Bilder von den Kindern im Stuhlkreis gut erkannt werden können
- KV „Hier bin ich gern – tolle Orte" (beide Seiten), in Klassenstärke kopiert
- Scheren und Klebstoff

Stundenverlauf

Einstieg (ca. 15 – 20 Min.)

Treffen Sie sich mit den Schülern im Stuhlkreis. Fragen Sie sie, wo sie sich gern aufhalten. Beginnen Sie das Gespräch, indem Sie z. B. sagen: „Mein Lieblingsort ist der Stadtpark. Es gibt dort eine Bank in der Nähe eines Baumes. Dort sitze ich gern und lese ein Buch. Ich freue mich immer darüber, wie der Baum sich während des Jahres verändert." Lassen Sie die Schüler von ihren Lieblingsorten erzählen.

Zeigen Sie den Kindern ein groß kopiertes Bild. Die Schüler nennen den Namen des abgebildeten Ortes und erzählen von eigenen Erlebnissen an diesem Ort. Hängen Sie das Bild an die Außentafel und schreiben Sie den Namen dazu. Verfahren Sie so mit allen anderen Bildern. Klappen Sie die Außentafel nach hinten.

Arbeitsphase (ca. 20 Min.)

Teilen Sie den Schülern beide KV aus. Die Schüler arbeiten mit dem Partner. Zunächst schneidet jeder seine Kärtchen aus und legt sie auf einen Stapel. Schüler A zieht die oberste Karte von seinem Stapel, nennt den Namen des Ortes und erzählt dazu (z. B. „Das ist das Schwimmbad. Ich war schon oft im Schwimmbad und bin gern dort."). Anschließend klebt er die Karte auf das Feld oberhalb des Begriffs „Schwimmbad". Nun ist Schüler B dran und verfährt genauso. Schüler, die sich mit den Namen der Orte unsicher sind, holen sich hinter der Außentafel einen Tipp.

Schüler, die mit der Aufgabe fertig sind, malen ein Bild von ihrem persönlichen Lieblingsort. Dieser kann, muss aber nicht mit den Orten, die auf den Bildern abgebildet sind, identisch sein.

Abschluss/Reflexion (ca. 5 – 10 Min.)

Fragen Sie nach, ob die Schüler Bilder von ihrem persönlichen Lieblingsort gemalt haben, und bitten Sie die Kinder, ihre Bilder vorzustellen und von dem gemalten Ort zu berichten.

Sollten Sie noch Zeit übrig haben, können Sie Orte-Raten spielen. Beschreiben Sie einen Ort, ohne seinen Namen zu nennen, z. B.: „An meinem Ort kann man im Sommer gemeinsam sitzen und etwas Kaltes essen oder einen Kaffee trinken." (Eisdiele). Wählen Sie, je nach Leistungsstärke Ihrer Klasse, aus der Arbeitsphase bekannte Orte, um diese zu wiederholen, oder neue Orte (z. B. Eisdiele, Bibliothek), um die Schüler weiter anzuregen. Weiterhin sollten Sie, je nach Klassensituation, entweder selbst alle Orte beschreiben oder die Schüler Orte beschreiben lassen.

Hier bin ich gern – tolle Orte (1/2)

1. **Schneide die Karten aus.**
2. **Lege die Karten auf einen Stapel.**

© cromary – Fotolia.com
© Viesturs Kalvans – Fotolia.com
© shock – Fotolia.com
© Siegfried Schnepf – Fotolia.com
© Pavel Losevsky – Fotolia.com
© Fotolia.com
© Sergey Novikov – Fotolia.com
© pio3 – Fotolia.com
© pio3 – Fotolia.com

ISBN 978-3-8346-2736-0 | www.verlagruhr.de

Hier bin ich gern – tolle Orte (2/2)

3. **Ziehe die oberste Karte von deinem Stapel.**
4. **Nenne deinem Partner den Namen des Ortes.**
   Erzähle:
   - Was kann man hier machen?
   - Warst du schon an diesem Ort? Bist du gern dort?

   Klebe die Karte anschließend in das richtige Feld. 
5. **Nun zieht dein Partner eine Karte. Wechselt euch ab, bis jeder alle Karten aufgeklebt hat.**

Zoo	Spielplatz	Schwimmbad
Wochenmarkt	Museum	Freizeitpark
Sportplatz	Fußballstadion	Kletterpark

 ISBN 978-3-8346-2736-0 | www.verlagruhr.de

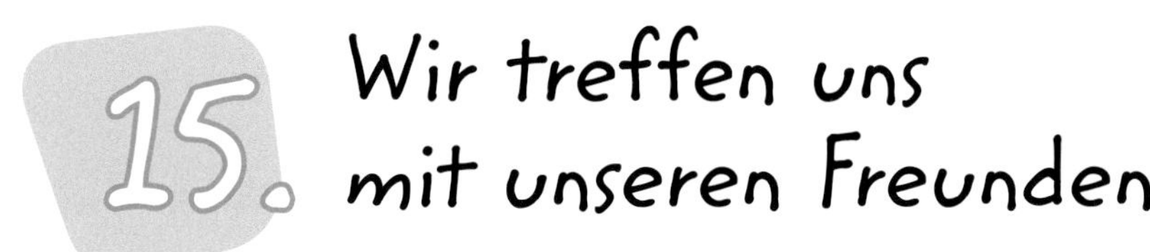

15. Wir treffen uns mit unseren Freunden

Sprachlicher Inhalt

Freizeitbeschäftigungen (Verben und Verbgruppen), Phrase „Wo treffen wir uns?"

Kompetenzerwartungen

Die Schüler können Verabredungen mit Freunden treffen.

Materialliste/Vorbereitung

- KV „Wir treffen uns mit unseren Freunden (1/3) + (2/3)" (s. S. 43), 1-mal kopiert, Karten ausgeschnitten
- KV „Wir treffen uns mit unseren Freunden", Seiten jeweils in Klassenstärke kopiert
- Lösungsblatt, selbst erstellt aus allen Kopiervorlagen
- Scheren, Klebstoff

Stundenverlauf

Einstieg (ca. 15 – 20 Min.)

Verteilen Sie jedem Schüler eine Karte. Wenn Sie weniger als 24 Schüler haben, wählen Sie im Vorfeld Paare aus und legen die übrigen Karten beiseite. Wenn Sie eine ungerade Schülerzahl haben, spielen Sie mit. Fordern Sie die Kinder auf, durch den Raum zu gehen und einen Partner zu finden: „Immer zwei Karten gehören zusammen. Auf der einen Karte seht ihr, was man mit seinem Freund unternehmen kann, auf der anderen, wo man dies tun kann. Sucht euren Partner." Die Schülerpaare stellen sich nebeneinander vor der Tafel auf.

Bitten Sie sie, sich nacheinander vorzustellen, als wollten sie sich verabreden: Schüler A: „Wollen wir Eis essen gehen? Wo sollen wir uns treffen?" – Schüler B: „Wir treffen uns an der Eisdiele."

Kommen Sie mit den Schülern darüber ins Gespräch, was man noch in seiner Freizeit mit seinen Freunden unternehmen kann. Schreiben Sie passende Sätze (wie auf KV „Wir treffen uns mit unseren Freunden 3/3") dazu an die Tafel.

Arbeitsphase (ca. 20 – 25 Min.)

Leiten Sie zur Arbeitsphase über. Verteilen Sie die KV „Wir treffen uns mit unseren Freunden (1/3) + (2/3)" an alle Schüler. Schwächere Schüler bekommen direkt auch Seite (3/3). Zeigen Sie auf dem Lösungsblatt, wie Bilder und Sätze angeordnet werden sollen. Legen Sie das Lösungsblatt aus sowie die Seite (3/3) für die stärkeren Schüler. Wenn diese mit den ersten beiden Seiten fertig sind, holen sie sich die letzte Seite und kleben die Satzstreifen dazu. Schüler, die bereits komplett fertig sind, finden eigene Sätze und malen dazu jeweils zwei passende Bilder.

Abschluss/Reflexion (ca. 5 – 10 Min.)

Fragen Sie nach, ob es Kinder gibt, die weitere Sätze formuliert und dazu Bilder gemalt haben. Geben Sie diesen die Gelegenheit, ihre Ergebnisse vorzustellen.

Spielen Sie mit den Kindern Menschen-Memo:
Schicken Sie zwei Spieler vor die Tür. Die übrigen Kinder finden sich paarweise zusammen. Sie vereinbaren, was sie machen möchten, wo sie das tun möchten, und eine passende Bewegung (z. B. schleckt Schüler A an einem imaginären Eis und sagt: „Wir gehen Eis essen." / Schüler B schleckt ebenfalls Eis und sagt: „Wir treffen uns in der Eisdiele."). Holen Sie die Spieler wieder herein. Sie stellen sich vor die Tafel. Ein Spieler beginnt und ruft zwei Kinder auf, die ihre Bewegungen und Sätze präsentieren. Gehören die beiden Kinder zusammen, stellen sie sich hinter den Spieler, der noch einmal dran ist. Ansonsten ist der andere Spieler dran. Das Spiel ist zu Ende, wenn alle Paare gefunden wurden. Gewonnen hat der Spieler, der mehr Paare gefunden hat.

Differenzierung: Beide Schüler sagen denselben Satz.

Wir treffen uns mit unseren Freunden (1/3)

1. Schneide die Bilder auf dieser und der nächsten Seite aus. 

2. Lege die beiden, die zusammengehören, nebeneinander.

Abb.: Anja Boretzki

Abb.: Anja Boretzki

Abb.: Anja Boretzki

Abb.: Anja Boretzki

Abb.: Anja Boretzki

Abb.: Anja Boretzki

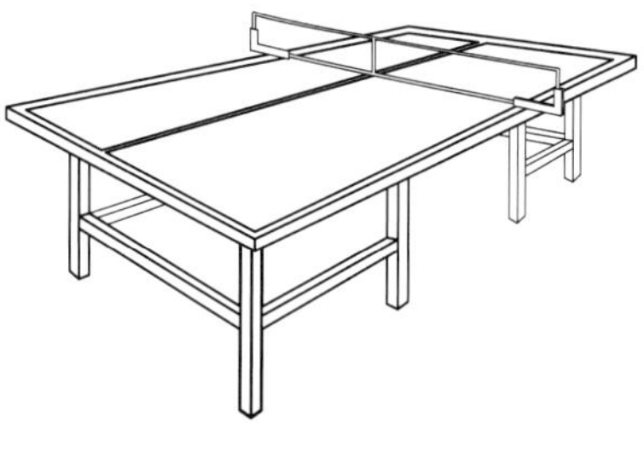

© Alexandra Karamyshev – Fotolia.com

Abb.: Anja Boretzki

Abb.: Anja Boretzki

ISBN 978-3-8346-2736-0 | www.verlagruhr.de

Wir treffen uns mit unseren Freunden (2/3)

 © Verlag an der Ruhr | Autorin: Nina Wilkening | ISBN 978-3-8346-2736-0 | www.verlagruhr.de

Wir treffen uns mit unseren Freunden (3/3)

3. Schneide die Satzstreifen unten aus.

4. Lege den Satzstreifen zu den passenden Bildern.

5. Klebe erst am Ende alles fest. 

Tipp: Du kannst auch erst die Satzstreifen lesen und dann die passenden Bilder dazu finden.

Wir gehen Eis essen. Wir treffen uns an der Eisdiele.

Wir gehen ins Kino. Wir treffen uns vor dem Kino.

Wir fahren Inliner. Wir treffen uns auf dem Sportplatz.

Wir gehen schwimmen. Wir treffen uns im Schwimmbad.

Wir fahren Schlittschuh. Wir treffen uns am zugefrorenen See.

Wir fahren Schlitten. Wir treffen uns am Schneehügel.

Wir spielen ein Spiel. Wir treffen uns zu Hause.

Wir bauen eine Sandburg. Wir treffen uns auf dem Spielplatz.

Wir spielen Tischtennis. Wir treffen uns an der Tischtennisplatte.

Wir üben Fahrradfahren. Wir treffen uns im Park.

Klasse 2

Mini-Einheit: So geht es mir, das mag ich gern

Wortschatz

Körper

Grammatikthemen

Adjektive

Sonstige sprachliche Inhalte

Phrase „… tut mir weh.“,
Phrase „Ich mag … (nicht).“

Überblick

In der dreistündigen Mini-Einheit geht es um Körperteile, Gefühle, Vorlieben und Abneigungen.

Weiterführende Ideen

Mein Arm tut mir weh

- Singen Sie das Lied „Kopf und Schultern“ in den Erstsprachen der Schüler. Unter der Adresse: http://www.buchstart.ch/buchstart/de/buchstartmehrsprachig/Dokumente/kreislieder_maerz2013.pdf finden Sie Übersetzungen der Körperteile bzw. des Liedes „Kopf und Schulter“ in verschiedene Sprachen.

Gefühle

- Spielen Sie Gefühlspantomime oder Menschen-Memo mit Gefühlen.
- Fertigen Sie mit den Kindern eine Bild-Wort-Collage zum Thema „Was uns guttut“ an.

Vorlieben und Abneigungen

- Spielen Sie das Lied „… und ganz doll mich“ von Rolf Zuckowski vor (verschiedene Anbieter) und sprechen Sie mit den Kindern über den Liedtext. Schreiben Sie mit den Kindern eigene Strophen. Singen Sie gemeinsam das Lied.
- Lassen Sie gruppenweise Plakate erstellen „Das mögen wir“ / „Das mögen wir nicht“. Alternativ kann dies auch jeder Schüler einzeln für sich selbst aufschreiben und aufmalen.

16. Mein Arm tut mir weh

Sprachlicher Inhalt

Wortschatz „Körper", Phrase „... tut mir weh."

Kompetenzerwartungen

Die Schüler festigen den Wortschatz zum Thema „Körper" und können äußern, dass ihnen etwas wehtut.

Materialliste/Vorbereitung

- Liedtext KV „Kopf und Schulter"
- KV „Körperteile – Mädchen" oder KV „Körperteile – Junge" für jedes Kind (ausreichend Kopien bereitstellen, die Kinder können frei wählen, welches Arbeitsblatt sie bearbeiten)
- Lösungsblätter, selbst erstellt aus den Kopiervorlagen
- pro Partnergruppe ca. 20 farbige Chips, Muggelsteine oder Büroklammern o. Ä. (z. B. in einem Briefumschlag oder einem Döschen gesammelt)
- Scheren und Klebstoff

Stundenverlauf

Einstieg (ca. 10 Min.)

Bitten Sie die Schüler, sich hinzustellen. Jeder benötigt genügend Platz vor sich, um sich nach unten beugen zu können. Singen Sie mit den Kindern das Lied „Kopf und Schulter" auf Deutsch und tippen Sie jeden Körperteil beim Singen mit den Händen an. Tippen Sie in den Strophen 2 – 6 auch die Körperteile, deren Namen nicht gesungen werden, an.

Spielen Sie mit den Kindern das Spiel „Herr Doktor, Herr Doktor, mein Arm tut mir weh." Gehen Sie dazu im Raum herum. Sagen Sie laut „Herr Doktor, Herr Doktor, mein Arm tut mir weh." Daraufhin laufen alle Kinder im Raum herum, halten ihren Arm fest und jammern genauso. Tippen Sie nach etwa einer halben Minute ein Kind an. Dieses Kind ruft laut „Herr Doktor, Herr Doktor, mein ... (z. B. Bauch, Kopf, Po) tut mir weh."

Wiederum laufen alle Kinder durch den Raum, halten den entsprechenden Körperteil fest und jammern, bis das nächste Kind angetippt wird. Brechen Sie das Spiel nach ca. 5 Minuten ab.

Arbeitsphase (ca. 30 Min.)

Einzelarbeit (ca. 15 Min.): Die Schüler bearbeiten das Arbeitsblatt „Körperteile". Sie schneiden die Wortkarten am unteren Ende des Blattes aus und kleben sie an die richtige Stelle. Legen Sie Kontrollblätter bereit.

Partnerarbeit (ca. 15 Min.): Verteilen Sie die Chips an die Partnergruppen und spielen Sie das Spiel einmal mit einem Kind vor.

Jedes Kind nimmt sich drei Chips, die übrigen bleiben erst einmal liegen. Die Partner stellen den Schulranzen oder einen anderen Sichtschutz zwischen sich auf. Partner A legt seine drei Chips auf drei Körperteile des Kindes auf der Kopiervorlage. Partner B fragt: „Tut dein Kopf weh?" (Alternativ: „Tut dem Kind der Kopf weh?") Hat Partner A einen Chip auf dem Kopf liegen, sagt er „Ja, mein Kopf tut weh". Partner B legt ebenfalls einen Chip auf den Kopf des Kindes auf seinem Blatt. Hat Partner A dort keinen Chip liegen, sagt er „Nein, mein Kopf tut nicht weh." Partner B fragt Partner A so lange, bis er alle drei schmerzenden Stellen gefunden hat, dann wird verglichen. Anschließend werden die Rollen getauscht. Für jede gespielte Runde legt das Paar einen der übrigen Chips zur Seite.

Abschluss/Reflexion (5 Min.)

Fragen Sie die Paare, wie viele Runden sie geschafft haben.

Spielen Sie zum Abschluss noch einmal das Spiel „Herr Doktor, Herr Doktor, mein Arm tut mir weh".

Kopf und Schultern

Text und Melodie: traditionell

2.
Kopf und Schultern, Knie und mmh.
Kopf und Schultern, Knie und mmh.
Und Augen, Ohren, Nase und mmh.
Kopf und Schultern, Knie und mmh.

3.
Kopf und Schultern, mmh und Zeh'n.
Kopf und Schultern, mmh und Zeh'n.
Und Augen, Ohren, mmh und Mund.
Kopf und Schultern, mmh und Zeh'n.

4.
Kopf und mmh, Knie und Zeh'n.
Kopf und mmh, Knie und Zeh'n.
Und Augen, mmh, Nase und Mund.
Kopf und mmh, Knie und Zeh'n.

5.
Mmh und Schultern, Knie und Zeh'n.
Mmh und Schultern, Knie und Zeh'n.
Und mmh, Ohren, Nase und Mund.
Mmh und Schultern, Knie und Zeh'n.

Körperteile – Mädchen

1. **Schneide die Wortkarten unten aus.**
2. **Klebe die Wortkarten an die richtigen Stellen.**

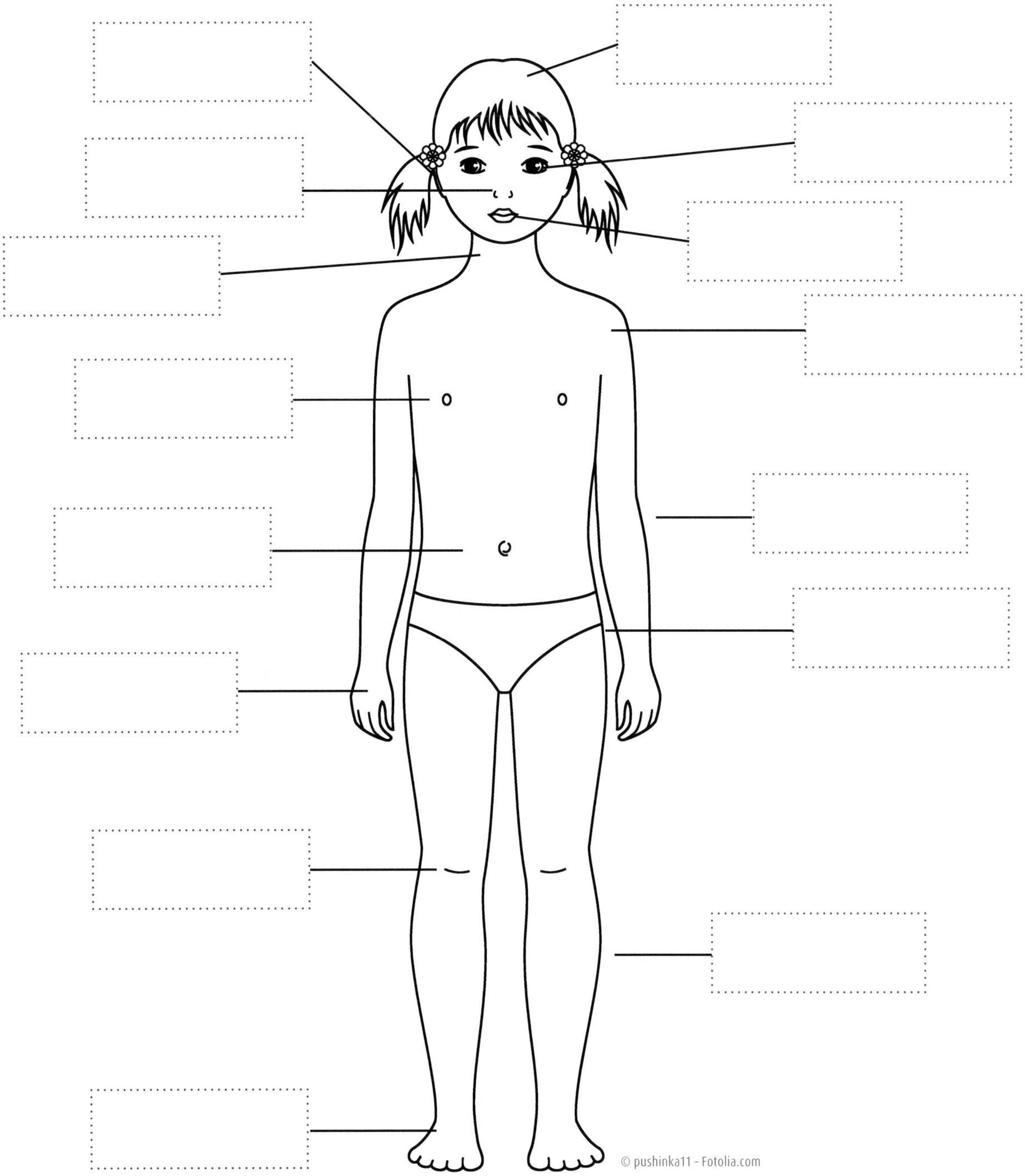

© pushinka11 – Fotolia.com

Kopf	Auge	Ohr	Nase	Mund
Hals	Schulter	Arm	Hand	Bauch
Brust	Po	Knie	Bein	Fuß

 | ISBN 978-3-8346-2736-0 | www.verlagruhr.de

Körperteile – Junge

1. **Schneide die Wortkarten unten aus.**
2. **Klebe die Wortkarten an die richtigen Stellen.**

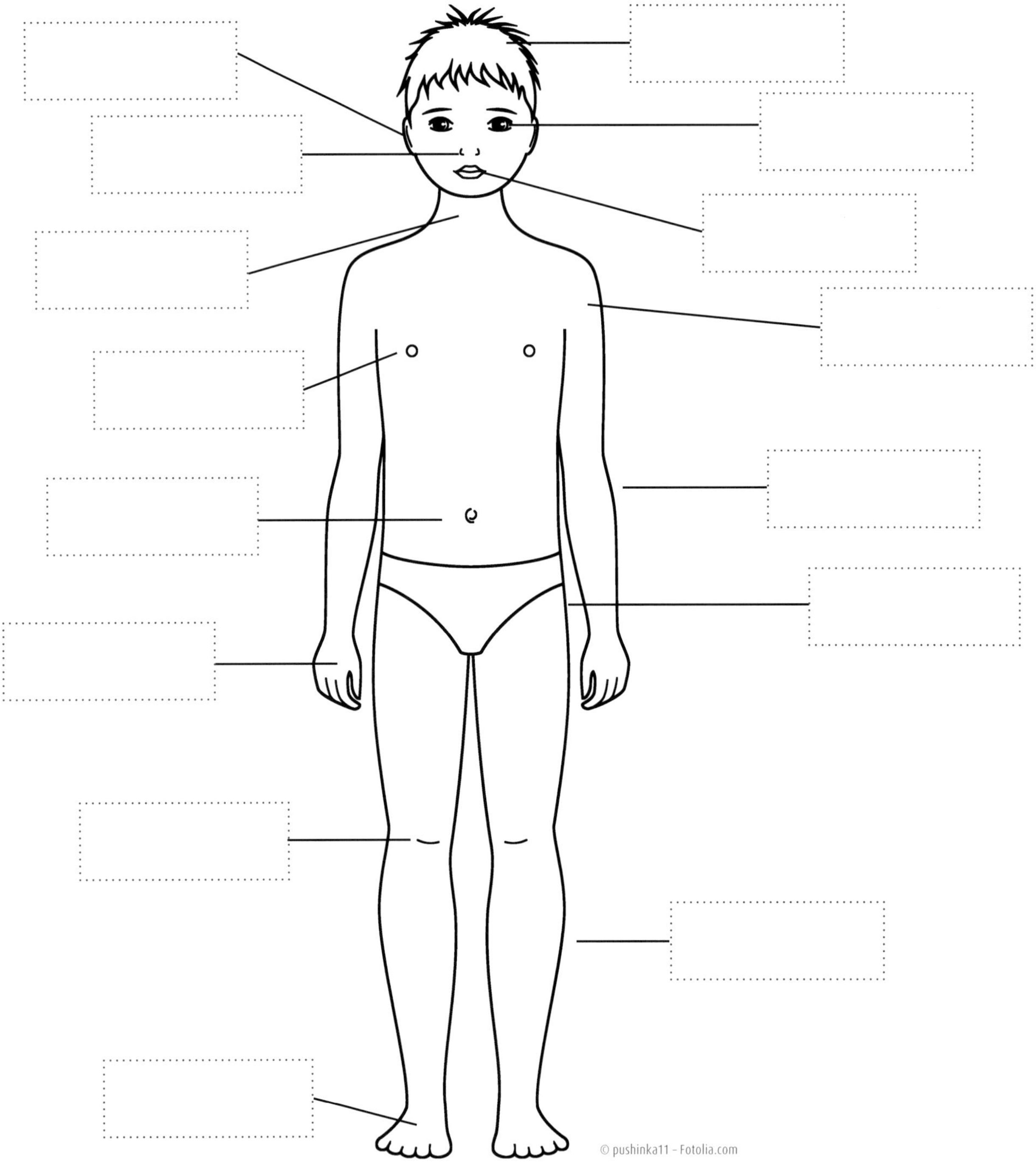

© pushinka11 - Fotolia.com

Kopf	Auge	Ohr	Nase	Mund
Hals	Schulter	Arm	Hand	Bauch
Brust	Po	Knie	Bein	Fuß

17. Gefühle

Sprachlicher Inhalt

Gefühle, Wortschatz: fröhlich, traurig, wütend, gelangweilt, entsetzt, überrascht

Kompetenzerwartungen

Die Schüler festigen den thematischen Wortschatz und können persönliche Situationen zu den Gefühlen benennen.

Materialliste/Vorbereitung

- 1 Gefühlewürfel (gebastelt aus der KV „Gefühlewürfel")
- 6 Gefühleplakate (Vergrößern Sie die Bilder der KV „Gefühlewürfel" und kleben Sie sie mittig auf 6 DIN-A2-Papiere)
- KV „Bewegungsgeschichte: Gefühle"

Stundenverlauf

Einstieg (ca. 5 – 10 Min.)

Zeigen Sie den Schülern die Flächen des Gefühlewürfels. Klären Sie mit ihnen, welche Gefühle die Bilder bedeuten. Würfeln Sie und erzählen Sie von einer zum gewürfelten Gefühl passenden Situation, die Sie erlebt haben (z. B. „überrascht": „Ich war neulich sehr überrascht, als mir mein Sohn ein Bild gemalt hat."). Bitten Sie einen Schüler zu sich, der würfelt und eine persönliche Situation nennt, die zum gewürfelten Gefühl passt. Lassen Sie die Kinder so lange würfeln, bis jedes Kind mindestens einmal dran war und alle Gefühle gewürfelt wurden.

Arbeitsphase (ca. 30 Min.)

Gruppenarbeit: Teilen Sie die Klasse in sechs Gruppen. Jede Gruppe sitzt zusammen an einem Gruppentisch. Legen Sie auf jeden Gruppentisch ein Gefühleplakat (s. Vorbereitung). Stoppen Sie die Zeit und geben Sie nach zwei Minuten ein akustisches Signal zum Wechsel der Gruppentische im Uhrzeigersinn. Innerhalb der zwei Minuten Arbeitszeit versuchen die Gruppen, auf den Gefühleplakaten so viele Situationen wie möglich in Wort oder Bild festzuhalten (z. B. „glücklich": Die Schüler könnten eine Sonne malen oder auf das Plakat schreiben „wenn die Sonne scheint").

Gehen Sie mit der Klasse von Gruppentisch zu Gruppentisch. Wenn die Klasse zu groß ist, hängen Sie die Plakate an die Tafel und bilden einen Kinositz vor der Tafel. Bitten Sie einzelne Kinder, das jeweilige Plakat vorzustellen.

Abschluss/Reflexion (ca. 5 – 10 Min.)

Erklären Sie den Schülern, was sie bei der Bewegungsgeschichte „Gefühle" machen sollen. Lesen Sie die Bewegungsgeschichte vor, betonen Sie die fettgedruckten Wörter. Die Schüler passen auf und führen an den entsprechenden Stellen die Bewegungen aus.

Sollten Sie noch Zeit übrig haben, können Sie die Bewegungsgeschichte ein zweites Mal ausführen, wobei Sie die Klasse in sechs Gruppen teilen. Jeder Gruppe wird ein bestimmtes Gefühl zugeordnet, zu dem sie die Bewegungen macht.

Gefühlewürfel

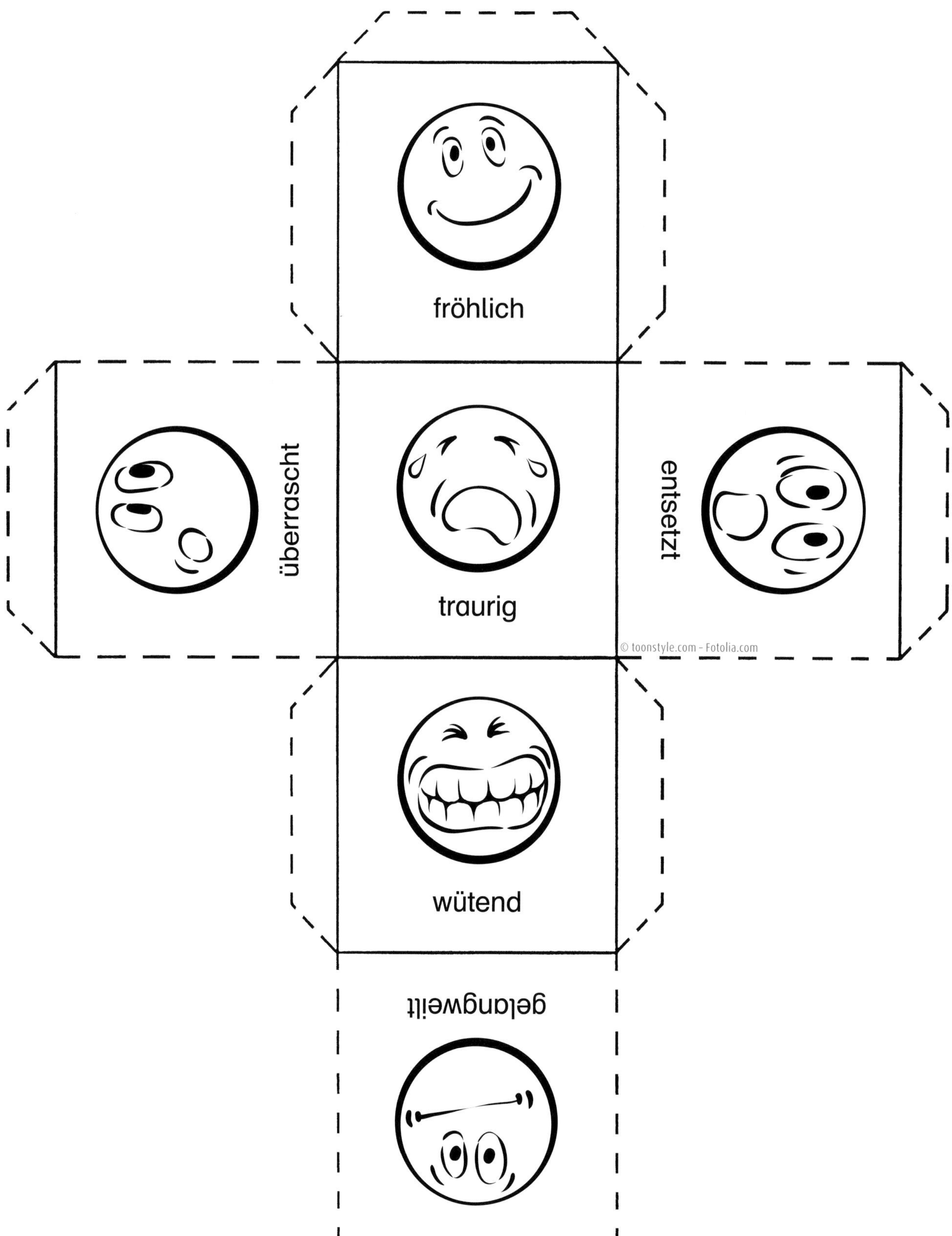

Bewegungsgeschichte: Gefühle

Bewegungen zu den Gefühlen:

- **fröhlich:** Arme hoch werfen und „Hurra" rufen
- **traurig:** Weinen nachahmen
- **wütend:** die Zähne zeigen und „grrr" machen
- **gelangweilt:** laut gähnen, sich strecken
- **entsetzt:** Augen aufreißen und „ah" rufen
- **überrascht:** „oh" rufen, erfreut gucken

Es war einmal ein kleiner Mann. Der saß **gelangweilt** auf seinem Sofa und war **traurig**. Er wusste einfach nicht, was er machen sollte. Er dachte nach und dachte nach, aber nichts wollte ihm einfallen. Da wurde er **wütend**. Er nahm seine Jacke und verließ das Haus.

Er ging in die Stadt und sah vor einem Haus eine große Menschenmenge stehen. Neugierig ging er zu den Menschen und sah, dass alle **fröhlich** waren. Er konnte niemanden sehen, der **traurig** oder **gelangweilt** geguckt hätte. Da war der kleine Mann sehr **überrascht**. „Ich muss herausfinden, warum die Leute hier so **fröhlich** sind", sagte er zu sich selbst. Er ging zu dem Haus, vor dem die Leute standen. Es war ein Kino. „Oh, ich verstehe", sagte der kleine Mann **überrascht**, „die Leute wollen sich einen Film ansehen. Deshalb sind sie so **fröhlich**." Der kleine Mann wurde auch **fröhlich**, denn Filme sah er sich gern an. Doch mit einem Mal erstarrte er. Er war richtig **entsetzt**, als ihm einfiel, dass er ja gar kein Geld dabei hatte. Erst wurde er **wütend** auf sich selbst und dann wollte er **traurig** nach Hause gehen. Da rief auf einmal eine Stimme hinter ihm: „Hey, kleiner Mann, warte mal."

Der kleine Mann drehte sich **überrascht** um. Eine kleine Frau kam auf ihn zu und fragte: „Hast du Lust, mit mir ins Kino zu gehen? Wenn ich allein gehe, bin ich so **gelangweilt**. Ich habe noch eine Karte übrig." Der kleine Mann sah die kleine Frau **fröhlich** an und sagte: „Ja, sehr gern sogar. Denn wenn ich jetzt wieder nach Hause gehe, bin auch ich **traurig** und **gelangweilt.**" Also gingen die beiden zusammen ins Kino.

Leider wählten sie den falschen Film aus. Es war ein Horrorfilm. Die kleine Frau schrie einige Male **entsetzt** auf und der kleine Mann wurde richtig **wütend**, weil der Film so schlecht war. Aber nachdem der Film zu Ende war, gingen der kleine Mann und die kleine Frau noch eine Weile spazieren und unterhielten sich **fröhlich**. Und von diesem Tage an saß der kleine Mann nie wieder **gelangweilt** und **traurig** auf seinem Sofa.

ISBN 978-3-8346-2736-0 | www.verlagruhr.de

18. Vorlieben und Abneigungen

Sprachlicher Inhalt

Vorlieben und Abneigungen äußern, Phrase „Ich mag (nicht) …"

Kompetenzerwartungen

Die Schüler können persönliche Vorlieben und Abneigungen äußern und mit anderen darüber ins Gespräch kommen.

Materialliste/Vorbereitung

- pro Schüler 1 Spielfigur
- pro Gruppe 1 Würfel
- für jede leistungsschwache Gruppe einmal KV „Würfelspiel: Das mag ich – das mag ich nicht*", für jede leistungsstarke Gruppe einmal KV „Würfelspiel: Das mag ich – das mag ich nicht**" kopiert und eventuell laminiert
- 1 Flasche

Stundenverlauf

Einstieg (ca. 5 – 10 Min.)

Spielen Sie mit den Kindern folgendes Bewegungsspiel. Geben Sie eine Kategorie vor (z. B. Sportart, Essen, Getränke, Süßigkeit, Tier, Buch, Fernsehsendung, Spielzeug, Lied): „Welche Sportart magst du am liebsten?" Geben Sie das Startsignal. Die Kinder gehen durch den Raum, besprechen sich mit den anderen Kindern („Ich mag Fußball am liebsten. Und du?") und suchen einen Partner, der die Vorliebe teilt. Paare stellen sich gemeinsam vor die Tafel oder setzen sich an einen gemeinsamen Tisch. Unterbrechen Sie nach ca. einer Minute. Bitten Sie die entstandenen Schülerpaare, ihre Vorlieben vorzutragen (z. B. „Wir mögen beide Fußball am liebsten."). Spielen Sie mehrere Runden mit unterschiedlichen Kategorien.

Arbeitsphase (ca. 25 – 30 Min.)

Teilen Sie die Klasse in leistungshomogene Gruppen mit 2 – 4 Spielern ein. Geben Sie jedem Spieler eine Spielfigur und jeder Gruppe einen Würfel. Leistungsschwache Gruppen erhalten die KV *, leistungsstarke Gruppen die KV **. Erklären Sie die Spielregeln.

Die Schüler spielen in ihren Gruppen das Würfelspiel. Die leistungsschwachen Schüler entscheiden, ob sie den abgebildeten Gegenstand mögen oder nicht mögen, und verbalisieren dies (z. B. Abbildung Tomate: „Ich mag Tomaten nicht."/„Ich mag keine Tomaten.").

Die leistungsstärkeren Schüler finden eigene Beispiele zu den abgebildeten Kategorien und verbalisieren Vorliebe oder Abneigung (z. B. Kategorie „Essen ☹": „Ich mag Tomaten nicht."/„Ich mag keine Tomaten."). Gewonnen hat, wer zuerst das Ziel erreicht hat. Schnelle Gruppen können eine weitere Runde spielen.

Als weitere Differenzierung können die leistungsstarken Schüler begründen, weshalb sie etwas mögen bzw. nicht mögen.

Abschluss/Reflexion (ca. 5 – 15 Min.)

Treffen Sie sich mit den Schülern im Sitz- oder Stuhlkreis. Legen Sie eine Flasche in die Mitte des Kreises. Stellen Sie eine Entscheidungsfrage (z. B. „Magst du lieber Kartoffeln oder Reis?"). Drehen Sie die Flasche. Derjenige Schüler, auf den die Flasche am Ende zeigt, beantwortet Ihre Frage („Ich mag lieber Kartoffeln."/„Ich mag lieber Reis."). Nun stellt er eine Entscheidungsfrage und dreht die Flasche.

Würfelspiel: Das mag ich – Das mag ich nicht*

Spielregeln: Würfle. Sage den anderen, ob du magst, was auf dem Bild ist, oder nicht.

Beispiel: ☺ „Ich mag Tomaten." oder ☹ „Ich mag keine Tomaten."

1 **Start** ➔	2 Tomaten	3 Fußball	4 Spaghetti	5 Schlangen	6 Eis
18 Würmer	19 Müsli	20 Pommes	21 Schule	22 Schnee	7 Fieber
17 Sonne	28 Mathe	29 Schokolade	30 **Ziel**	23 Rad fahren	8 schlafen
16 Hunde	27 Achterbahn	26 Gewitter	25 Ballett	24 Züge	9 Trampolin springen
15 Kirschen	14 lesen	13 Autos	12 Pferde	11 Computer-spiele	10 Katzen

Würfelspiel: Das mag ich – Das mag ich nicht**

Spielregeln: Würfle und lies.
Nenne den anderen Spielern bei 🙂 etwas, das du magst.
Nenne ihnen bei 🙁 etwas, das du nicht magst.
Beispiele: Essen 🙂: „Ich mag Eis."
oder Essen 🙁: „Ich mag keine Nudeln."

1 **Start** →	2 🙂 Essen	3 🙁 Musik	4 🙁 Tier	5 🙂 Sport	6 🙂 Schulfach
20 🙁 Getränk	21 🙂 Sport	22 🙂 Fernsehen	23 🙂 Obstsorte	24 🙁 Obstsorte	7 🙂 Jahreszeit
19 🙁 Schulfach	32 🙁 Tier	33 🙂 Essen	34 🙁 Jahreszeit	25 🙁 Essen	8 🙁 Musik
18 🙂 Tier	31 🙁 Fernsehen	36 **Ziel**	35 🙂 Schulfach	26 🙁 Essen	9 🙂 Obstsorte
17 🙂 Musik	30 🙁 Obstsorte	29 🙁 Schulfach	28 🙁 Jahreszeit	27 🙂 Fernsehen	10 🙁 Sport
16 🙂 Jahreszeit	15 🙂 Musik	14 🙂 Tier	13 🙂 Fernsehen	12 🙁 Getränk	11 🙁 Sport

ISBN 978-3-8346-2736-0 | www.verlagruhr.de

Kleidung und Berufe

Wortschatz

Kleidung, Farben, Berufe

Sonstige sprachliche Themen

sich zu Bildern äußern, Zuordnungen treffen und begründen

Überblick

Die dreistündige Mini-Einheit beschäftigt sich mit den Themen „Kleidung" (**Stunde 19** und **Stunde 20**) und „Berufe" (**Stunde 21**).

Weiterführende Ideen

Kleidung

- Schließen Sie eine Stunde zum Thema „Muster" an. Bringen Sie Modekataloge mit und bitten Sie die Schüler, Kleider mit verschiedenen Mustern auszuschneiden und auf verschiedene Plakate zu kleben (z. B. Kleidung mit Streifen/gestreift; Kleidung mit Punkten/gepunktet). Lassen Sie das Maldiktat noch einmal mit Mustern durchführen.
- Nehmen Sie die Stunde zum Anlass, um die Wortart Adjektiv genauer zu betrachten (z. B. Stellung des Adjektivs zwischen Artikel und Nomen).
- Stellen Sie Anziehpuppen her.
- Veranstalten Sie eine Modenschau zu einem bestimmten Thema z. B. „Jahreszeiten".

Kleidung für bestimmte Anlässe – Was ziehe ich an?

- Bringen Sie Zeitschriften, Prospekte, ausgedruckte Bilder mit. Bitten Sie die Schüler, in Gruppen Themenplakate zu erstellen. Dort werden Fotos aufgeklebt oder Bilder gemalt, die zum Thema passen, z.B. Sportkleidung, Berufskleidung, Kleidung für Feste, Kleidung für Kinder, … . Nachdem die Plakate erstellt worden sind, präsentieren die Gruppen sie und erklären, warum sie diese Bilder ausgesucht haben. Je nach Leistungsstärke können die Kinder auch die Namen der einzelnen Kleidungsstücke dazu schreiben.
- Spielen Sie „Schaufensterpuppe". Bringen Sie unterschiedliche Kleidungsstücke, jeweils in zweifacher/vierfacher Ausfertigung mit. Teilen Sie die Klasse in zwei/vier Gruppen und geben Sie ein Motto vor (z.B. „Winter", „Ferien", „Sport", „Feier"). Die Gruppen wählen jeweils ein Kind als Schaufensterpuppe (oder Model) aus und „stylen" dieses dem Motto entsprechend. Anschließend präsentieren die Gruppen ihre Schaufensterpuppen und erklären, warum sie welche Kleidungsstücke ausgewählt haben. Bei einer großen Lerngruppe können Sie einzelne Kinder auch als Jury einsetzen, die beurteilt, welche Gruppe das Motto am besten umgesetzt hat. Hierfür kann ein Kriterienkatalog hilfreich sein. Sie können aber auch das Plenum befragen, welche Schaufensterpuppe dem Motto am nächsten kommt.

Berufe

- Bitten Sie die Kinder, ihre Eltern/sonstigen Verwandten/Nachbarn nach deren Berufen zu befragen. Erstellen Sie dafür gemeinsam einen Fragebogen und/oder lassen Sie die Schüler einen Steckbrief zu einem Beruf ausfüllen und vorstellen.

Kleidung

Sprachlicher Inhalt

Wortschatz „Kleidung“, Wortschatz „Farben“

Kompetenzerwartungen

Die Schüler erweitern und festigen ihren Wortschatz zum Thema „Kleidung“. Sie können Veränderungen an Kleidung wahrnehmen und beschreiben. Sie wissen, zu welchen Gelegenheiten man welche Kleidung anzieht. Die Schüler festigen den Wortschatz „Farben“.

Materialliste/Vorbereitung

- KV „Maldiktat – Kleidung“ (für jeden Schüler 1-mal kopiert, evtl. einige zusätzliche Exemplare als Puffer)
- KV Bildkartensatz „Kleidungsstücke“ (2-mal groß kopiert)
- Kreppband oder Magnete

Stundenverlauf

Einstieg (ca. 15 Min.)

Hängen Sie einen Bildkartensatz an die Tafel. Bitten Sie die Schüler, Ihnen die Namen der Kleidungsstücke zu nennen. Wenn nötig, üben Sie diese mit ihnen ein. Bitten Sie vier Kinder, sich vor die Tafel zu stellen. Wählen Sie von diesen Schülern einen aus, der sich die anderen gut anschaut, bevor er vor die Tür geht. Die anderen drei Kinder tauschen nun Kleidungsstücke untereinander oder verändern etwas an einem eigenen Kleidungsstück, das sie anbehalten (Knöpfe an der Jacke öffnen, Schuh ausziehen etc.). Holen Sie den Schüler wieder herein und bitten Sie ihn, die Veränderungen zu benennen (z. B. „Murats Jacke ist offen, vorher war sie zu.“). Spielen Sie das Spiel einige Male mit verschiedenen Kindern durch.

Arbeitsphase (15 Min.)

Partnerarbeit: Verteilen Sie den Schülern die KV „Maldiktat“ und stellen Sie den Arbeitsauftrag. Die Partner stellen einen Sichtschutz zwischen sich auf (z. B. den Schulranzen). Stoppen Sie die Zeit: Jeder Schüler malt innerhalb von zwei Minuten die Kleidung der linken Figur beliebig an. Zeigen Sie durch ein akustisches Signal nach zwei Minuten das Ende der Phase an.

Schüler A diktiert nun Schüler B, wie er seine linke Figur angemalt hat. Schüler B malt seine rechte Figur nach Diktat an. Anschließend diktiert Schüler B Schüler A, wie er seine linke Figur angemalt hat. Schüler A malt seine rechte Figur nach Diktat an.

Abschließend wird der Sichtschutz entfernt und die Schüler vergleichen ihre Figuren.

Paare, die fertig sind, können das Spiel aus der Einstiegsphase zu zweit spielen. Dabei schließt ein Partner die Augen, während der andere etwas verändert.

Abschluss/Reflexion (ca. 15 Min.)

Hängen Sie beide Bildkartensätze „Kleidungsstücke“ mit Kreppband oder Magneten an die beiden Außentafeln, jeweils einen Bildkartensatz an eine Tafelfläche. Klappen Sie die Außentafeln nach hinten und bitten Sie zwei Schüler, sich jeweils hinter eine Tafel zu stellen. Geben Sie eine Situation vor (z. B. „Es ist Winter.“/„Du möchtest schwimmen gehen.“/„Du bist auf eine Feier eingeladen.“). Die Kinder hinter den Tafeln wählen die ihrer Meinung nach passenden Kleidungsstücke aus und hängen sie untereinander. Auf Ihr Kommando klappen sie die Außentafeln nach vorn und präsentieren ihre Kleidungsstückeauswahl. Fordern Sie die Schüler auf, zu begründen, warum sie diese Kleidungsstücke gewählt haben. Bitten Sie die anderen Kinder, zu vergleichen und zu entscheiden, wer eine bessere Wahl getroffen hat.

Wenn Sie noch Zeit übrig haben sollten, können Sie Personen-Rätselraten spielen: Beschreiben Sie die Kleidung eines Schülers (z. B. „Die Person trägt blaue Jeans, einen roten Pulli und schwarze Schuhe.“). Wer die Person errät, darf das nächste Rätsel stellen.

Maldiktat – Kleidung

**2. Male die Figur so an,
wie dein Partner es dir diktiert.**

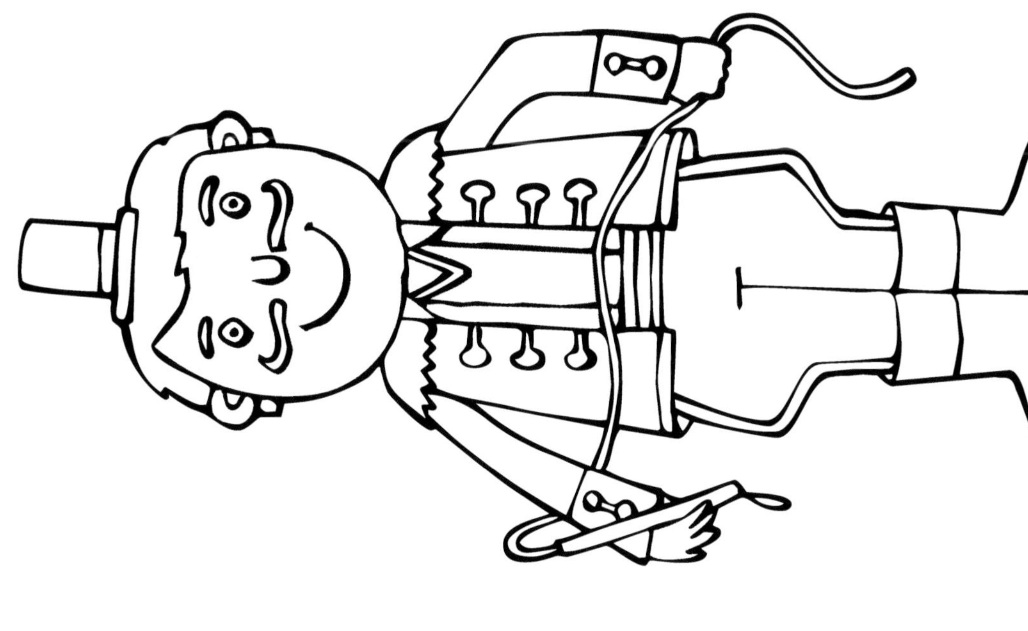

Abb.: Anja Boretzki

1. Male die Figur so an, wie du es möchtest.

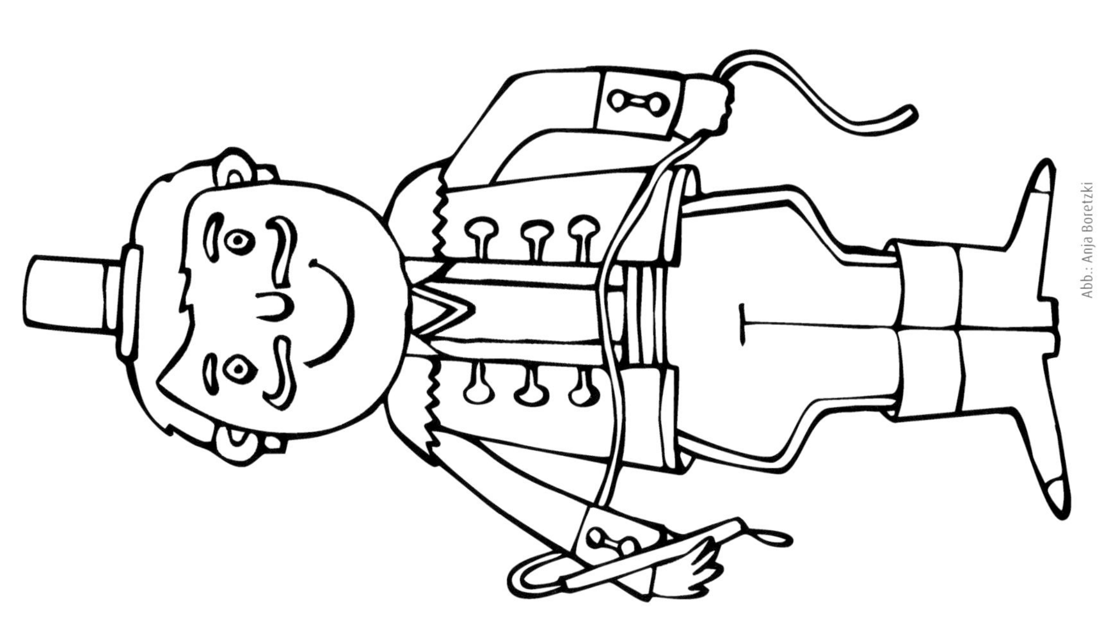

Abb.: Anja Boretzki

Kleidungsstücke

© Verlag an der Ruhr | Autorin: Nina Wilkening | ISBN 978-3-8346-2736-0 | www.verlagruhr.de

Kleidung für bestimmte Anlässe - Was ziehe ich an?

Sprachlicher Inhalt

Sich zu Bildern äußern, Zuordnungen vornehmen und diese begründen

Kompetenzerwartungen

Die Schüler können Kleidung bestimmten Anlässen zuordnen und ihre Zuordnung begründen.

Materialliste/Vorbereitung

- KV „Was ziehe ich an?" 1 + 2 , 1-mal kopiert (ggf. vergrößert) und als Doppelkarten ausgeschnitten
- KV „Was ziehe ich an?" 1 + 2 so oft kopiert, dass 2er – oder 3er- Gruppen jeweils einen Kartensatz, bestehend aus beiden KV, haben.
- Scheren
- 15 Magnete, um die Bildkarten an der Tafel zu befestigen (alternativ Klebestreifen)

Stundenverlauf

Einstieg (ca. 10 – 15 Min.)

Treffen Sie sich mit den Kindern im Stuhlkreis. Verteilen Sie alle Karten verdeckt an die Schüler.

Bitten Sie das Kind, auf dessen Karte „Start" steht, das rechte Bild („... bei Regen") zu beschreiben und zu überlegen, wie man sich am besten für Regenwetter kleiden sollte. Das Kind hängt seine Karte an die Tafel. Nun sollte das Kind, das die passende Anschlusskarte hat, sich melden und begründen, weshalb dies die passende Karte ist. Danach beschreibt es das rechte Bild auf der Karte („...zum Fußball spielen"). Dies geht so lange bis das komplette Domino richtig an der Tafel hängt.

Erklären Sie den Kindern, dass sie nun eigene Dominokarten herstellen und in 2er- oder 3er- Gruppen mehrere Domino- Durchgänge spielen sollen. Klappen Sie die Tafel mit den Außentafeln zu, so dass die Kinder nur bei Bedarf nach der richtigen Lösung gucken können.

Arbeitsphase (ca. 20 Min.)

Teilen Sie die Klasse in 2er- oder 3er-Gruppen ein. Jede Gruppe erhält beide Kopiervorlagen und schneidet die Karten aus.

Sind alle Karten ausgeschnitten, werden sie gleichmäßig unter den Spielern aufgeteilt. Gespielt wird wie zuvor im Plenum. Wer eine Karte ablegt, begründet, warum dies die Anschlusskarte ist und beschreibt, was auf dem rechten Bild zu sehen ist.

Alternativ können die Kinder auch alle Karten offen auf den Tisch legen und gemeinsam die Lösung suchen.

Beenden Sie die Phase nach 20 Minuten.

Sicherung (ca. 10 – 15 min.)

Sehen Sie sich gemeinsam mit den Kindern alle Karten an. Jedes Kind darf sich eine Karte aussuchen („Welches ist deine Lieblingskleidung?") und erklären, warum es diese Karte gewählt hat (z.B. „Ich mag die Gummistiefel und die Regenjacke, weil ich gerne im Regen spazieren gehe.").

Sollte noch Zeit übrig bleiben, können Sie gemeinsam das Anknüpfungsspiel spielen. Bitten Sie ein Kind, sich vorne hinzustellen. Finden Sie ein gemeinsames Merkmal (z.B. Jeans). Stellen Sie sich neben das Kind und sagen: „Wir tragen beide eine Jeans." Nun sollen die anderen Kinder versuchen, ein gemeinsames Merkmal mit Ihnen oder dem Kind zu finden und sich neben Sie oder das Kind zu stellen. Gemeinsamkeiten können auch Haarfarbe, Augenfarbe, lange/ kurze Haare, Accessoires wie Uhren oder Ähnliches sein.

Was ziehe ich an? (1/2)

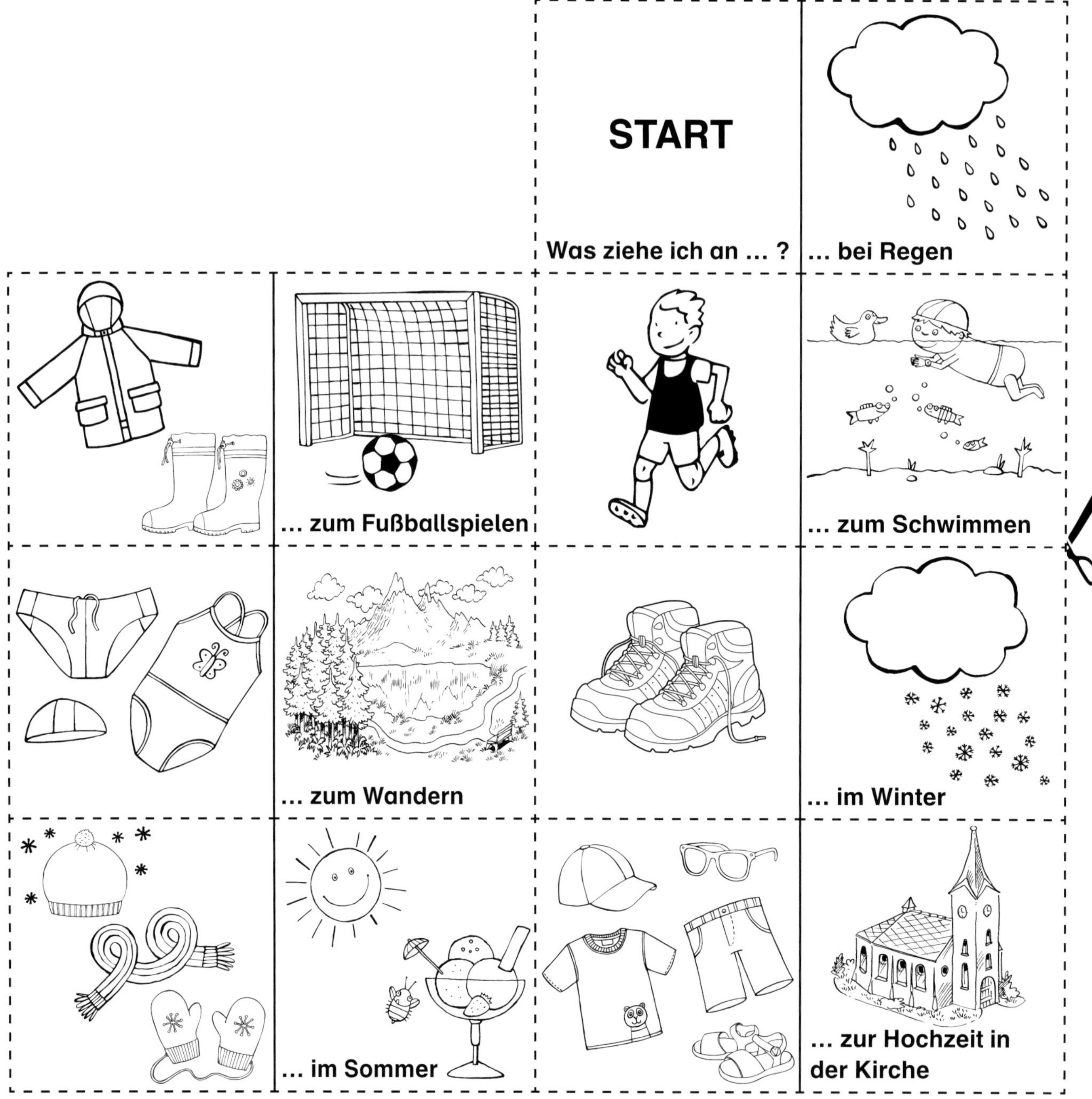

Abb. Fußball, Fußballspieler: Bettina Weyland; Landschaft, Kirche: Norbert Höveler; Wanderschuhe: © Ksenya Savva – Shutterstock.com; alle anderen Abb.: Anja Boretzki

 © Verlag an der Ruhr | Autorin: Nina Wilkening | ISBN 978-3-8346-2736-0 | www.verlagruhr.de

Was ziehe ich an? (2/2)

Abb. Brautpaar, Behandlungszimmer, Arzt, Feuerwache, Burg: Norbert Höveler; Polizistin: Magnus Siemens; Feuerwehrmann; Jens Müller; Königin: Bettina Weyland; König: Eva Spanjardt; Boxring: © Aluna1 – Shutterstock.com; Boxhandschuhe: © halimqd – Shutterstock.com; alle anderen Abb.: Anja Boretzki

 © Verlag an der Ruhr | Autorin: Nina Wilkening | ISBN 978-3-8346-2736-0 | www.verlagruhr.de

Berufe

Sprachlicher Inhalt

Wortschatz „Berufe", Satzbau

Kompetenzerwartungen

Die Schüler festigen den Wortschatz „Berufe".

Materialliste/Vorbereitung

- KV „Berufe-Regenwolken-Spiel" (ein Kartensatz groß kopiert, für jede 3er-Gruppe ein Kartensatz in normaler Größe, evtl. laminiert)
- 1 Flasche

Stundenverlauf

Einstieg (ca. 20 – 25 Min.)

Nehmen Sie vom groß kopierten Kartensatz so viele Paare, dass jeder Schüler eine Karte bekommt. Wenn Sie eine ungerade Anzahl Schüler haben, spielen Sie mit. Geben Sie jedem Schüler eine Karte. Die Schüler gehen durch den Raum und suchen ihren Partner. Ein Beruf und die dafür wichtigen Gegenstände gehören jeweils zusammen. Die Partner erkennen sich auch am gleichen Zeichen auf der Karte. Paare setzen sich gemeinsam hin.

Bitten Sie die Paare einzeln nach vorn. Die Kinder erklären, welchen Beruf sie haben und welche Gegenstände in diesem Beruf auf welche Weise genutzt werden, und hängen beide Karten nebeneinander an die Tafel.

Treffen Sie sich mit den Kindern im Stehkreis. Legen Sie die Flasche in die Mitte des Kreises. Stellen Sie eine Frage (z. B. „Was braucht ein Bäcker?" oder „In welchem Beruf braucht man Mehl, Eier und Milch?"). Drehen Sie die Flasche. Der Schüler, auf den die Flasche zeigt, beantwortet die Frage und stellt eine weitere Frage. Spielen Sie einige Runden, bis die Schüler alles verinnerlicht haben. Es sollten möglichst alle Schüler mindestens einmal drankommen. Sollte ihre Klasse zu groß sein, können Sie auch zwei Kreise bilden.

Arbeitsphase (ca. 10 – 15 Min.)

Verteilen Sie die normal großen Kartensätze an 3er- oder 4er-Gruppen. Die Schüler verteilen alle Karten und spielen das „Regenwolken-Spiel": Jeder hält seine Karten verdeckt in der Hand und zieht abwechselnd eine Karte bei seinem rechten Nachbarn. Hat er ein Paar, kann er es ablegen. Machen Sie deutlich, dass die Schüler den Beruf und die Materialien richtig benennen müssen, wenn sie ihr Paar ablegen. Wer am Ende die Karte mit der Regenwolke behält, hat verloren.

Abschluss/Reflexion (ca. 10 – 15 Min.)

Treffen Sie sich mit den Schülern im Stuhlkreis. Bitten Sie die Schüler, nacheinander zu erzählen, welchen Beruf sie später einmal erlernen möchten. Nutzen Sie dazu wieder die Flasche. Drehen Sie diese und fragen Sie: „Welchen Beruf möchtest du später haben?" Das Kind, auf das die Flasche am Ende zeigt, beantwortet die Frage, erzählt vom Beruf bzw. von seinen Gründen, diesen Beruf wählen zu wollen, stellt schließlich erneut die Frage „Welchen Beruf möchtest du später haben?" und dreht die Flasche.

Sollten Sie noch Zeit übrig haben, nachdem alle Kinder dran waren, können Sie nochmals das Spiel aus der Einstiegsphase spielen.

Berufe-Regenwolken-Spiel

 © Verlag an der Ruhr | Autorin: Nina Wilkening | ISBN 978-3-8346-2736-0 | www.verlagruhr.de

Mini-Einheit: Was ich in meiner Freizeit gern tue

Wortschatz

Einkaufen

Sonstige sprachliche Themen

Vorlieben und Abneigungen zu Spielen äußern, über Spiele sprechen, Spielanleitungen verstehen, um Auskunft bitten, Preisangaben formulieren

Überblick

In der dreistündigen Mini-Einheit geht es um die beiden Freizeitaktivitäten „Spielen" und „Fernsehen" sowie um das Thema „Einkaufen am Kiosk", dem die Kinder in der Freizeit, im Freibad, im Freizeitpark oder im Zoo begegnen.

Weiterführende Ideen

Fernsehen

- Bitten Sie die Schüler, eine Woche lang ein Fernsehtagebuch zu führen und alle Sendungen, die sie sehen, aufzuschreiben. Fordern Sie die Kinder auf, die Fernsehtagebücher vorzustellen und zu vergleichen.
- Entwerfen Sie mit den Schülern das Szenario „Wenn es auf der ganzen Welt keinen Fernseher mehr gäbe …". Überlegen Sie gemeinsam, was sich ändern würde. Lassen Sie die Kinder dazu Bilder malen und/oder Texte schreiben.
- Schneiden Sie aus einem großen Karton den Boden (bis auf einen Rand) ab, sodass er auf einer Seite liegend wie ein alter Fernseher aussieht. Fordern Sie die Schüler auf, sich dahinter zu setzen und Nachrichten zu sprechen oder Stabpuppen zu basteln und kleine Spielfilmstücke zu spielen. Die Kinder können alternativ von zu Hause auch Figuren mitbringen und ihre Lieblingsserien nachspielen.

Einkaufen am Kiosk

- Wenn es die Möglichkeit gibt, besuchen Sie mit den Kindern einen Kiosk in der Nähe. Lassen Sie jedes Kind – auf Kosten der Klassenkasse – eine Kleinigkeit (Lutscher, Gummitier, Kaugummi) kaufen.
  Alternativ können Sie auch zur Eisdiele oder zum Bäcker gehen, jedes Kind bestellt seine Eiskugel oder sein Brötchen selbst. Kündigen Sie die Gruppe dort je nach Größe vorher an.

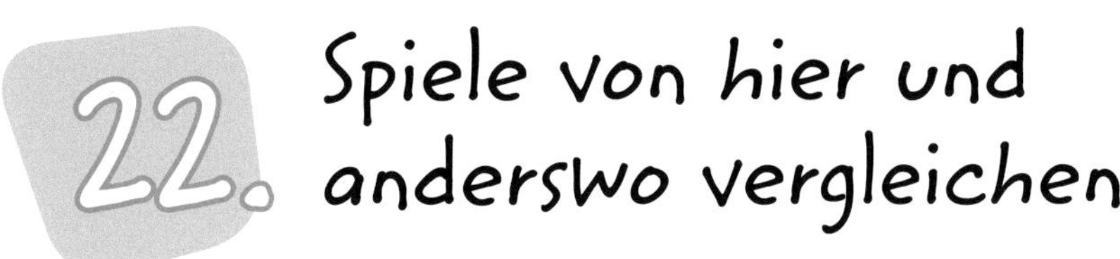

22. Spiele von hier und anderswo vergleichen

Sprachlicher Inhalt

Spiele von hier und anderswo vergleichen, Vorlieben und Abneigungen äußern

Kompetenzerwartungen

Die Schüler lernen verschiedene Spiele kennen.
Sie können diese miteinander vergleichen und ihre Vorliebe oder Abneigung für ein Spiel benennen.

Materialliste

- KV „Kinderspiele hier und anderswo – Gruppenspiele" 1-mal kopiert
- KV „Kinderspiele hier und anderswo – Paarspiele" im halben Klassensatz kopiert
- Für „Kwepena" wird ein kleiner Ball pro Gruppe benötigt.
- Für das „Kordelspiel" werden Seile (z. B. Springseile) benötigt.
- Optional: Für das Spiel „Drei gewinnt" bietet es sich an, eine Tabelle auf Folie anzufertigen (bzw. auf Papier und das Papier in eine Folientasche zu stecken bzw. zu laminieren) und den Schülern abwaschbare Folienstifte und Taschentücher zum Säubern bereitzulegen.
- Für das Spiel „Kleine Mühle" werden je Paar ein Blatt Papier und drei helle und drei dunkle Steine benötigt – alternativ können z. B. auch Wendeplättchen aus dem Mathematikunterricht oder unterschiedliche Münzen, Spielfiguren etc. verwendet werden.

Stundenverlauf

Einstieg (ca. 15 – 20 Min.)

Erklären Sie den Schülern, dass es heute um Spiele aus anderen Ländern geht. Spielen Sie mit der Klasse die vier Gruppenspiele (KV Gruppenspiele, gekennzeichnet mit ☺☺☺).

Spielen Sie jeweils mehrere Runden (pro Spiel ca. 5 Minuten, inklusive Erklärung) und nennen Sie den Schülern die Herkunftsländer der Spiele. Fragen Sie auch, ob die Kinder eines der Spiele schon kennen.

Arbeitsphase (ca. 10 – 15 Min.)

Zeigen Sie den Schülern die Spielekarten und Materialien (KV Paarspiele gekennzeichnet mit ☺☺) und stellen Sie diese ganz kurz vor. Verteilen Sie die Materialien auf Stationentischen.

Die Schüler spielen paarweise die einzelnen Spiele. Sind die Paare mit allen Spielen fertig, dürfen sie ihr Lieblingsspiel noch einmal spielen.

Abschluss/Reflexion (ca. 10 – 20 Min.)

Treffen Sie sich mit den Schülern im Sitzkreis. Hängen Sie die Spielbeschreibungen von allen Spielen nebeneinander an die Tafel. Bitten Sie die Schüler, sich nacheinander zu den Spielen zu äußern, geben Sie folgende Satzanfänge vor: „Mir hat … am besten gefallen, weil …" und „Mir hat … am wenigsten gefallen, weil …".

Fordern Sie die Schüler auf, ein Lieblingsspiel auszuwählen und unter der Spielbeschreibung des Spiels einen Strich mit Kreide zu ziehen.

Werten Sie die Strichlisten aus und spielen Sie mit den Schülern zum Abschluss das Spiel, das die meisten Striche bekommen hat. Wenn dies ein Partnerspiel sein sollte, können Sie den Schülern entweder einige Minuten Zeit geben, um dies Spiel nochmals paarweise zu spielen, oder Sie wählen einzelne Schüler aus, die es stellvertretend vorspielen. Sie können auch gegen die Klasse spielen. Alternativ können Sie natürlich auch das Gruppenspiel wählen, das die meisten Striche erhalten hat.

Kinderspiele hier und anderswo – Gruppenspiele

Der Chef geht rum (Sierra Leone)

1. Stellt euch im Kreis auf.
2. Wählt einen Chef aus, der im Kreis steht.
3. Singt ein Lied.
4. Der Chef geht rum und macht jedem Kind eine andere Körperhaltung vor, die dieses Kind bis zum Spielende einnehmen muss (zum Beispiel auf einem Bein stehen, die Ohren zuhalten). Das Kind hört auf zu singen.
5. Die Runde ist zu Ende, wenn niemand mehr singt.

Gordischer Knoten (Philippinen)

1. Stellt euch in einem engen Kreis auf.
2. Schließt die Augen und streckt die Arme nach vorn.
3. Auf „Los“ greift jeder nach einer Hand und hält sie fest.
4. Öffnet die Augen und versucht, das Durcheinander zu entwirren. Ihr dürft über Arme steigen, unten durchkriechen usw., nur nicht die Hände loslassen.

Schlangenschubsen (Ungarn)

1. Stellt euch in zwei Mannschaften in Reihen hintereinander auf.
2. Auf „Los“ stupst in jeder Reihe der Hinterste seinen Vordermann an. Der Vordermann gibt den Stupser weiter bis zum Schlangenkopf, dem Schüler vorn.
3. Wurde der Schlangenkopf gestupst, rennt er nach hinten und beginnt erneut mit dem Stupsen.
4. Das Spiel ist zu Ende, wenn eine Mannschaft wieder so steht wie am Anfang.

Kwepena (Uganda)

1. Stellt euch in kleinen Gruppen im Kreis auf. Ein Kind steht in der Mitte.
2. Die Kinder im Kreis versuchen mit dem Ball, das Kind in der Mitte abzuwerfen. Dieses versucht, auszuweichen.
3. Wenn das Kind in der Mitte getroffen ist, tauscht es den Platz mit dem Werfer.

Kinderspiele hier und anderswo – Paarspiele

Kordelspiel (Frankreich) 

1. Stellt euch ein Stück entfernt voneinander gegenüber auf.
2. Jeder nimmt nun das Seil in die rechte Hand und führt es um die linke Körperseite. Das Seil ist nun gespannt wie ein Z:

3. Nun zieht ihr mit der rechten Hand am Seil. Mit der linken könnt ihr die Balance halten.
4. Wer als Erster die Füße bewegt, hat verloren.

Drei Gewinnt (Ägypten) 

1. Zeichnet eine Tabelle mit drei Spalten und drei Zeilen.
2. Vereinbart, wer von euch „X“ und wer „O“ malt.
3. Malt abwechselnd ein „X“ und ein „O“ in ein Kästchen und versucht dabei, euer Zeichen 3-mal in eine Reihe zu bekommen.
4. Das Spiel ist zu Ende, wenn ein Spieler eine 3er-Reihe gemalt hat. Er hat gewonnen. Wenn keine Kästchen mehr frei sind und niemand eine Reihe hat, ist es ein Unentschieden.

Kleine Mühle (Zaire) 

1. Zeichnet euch den Spielplan rechts auf ein quadratisches Papier.
2. Spieler 1 nimmt drei dunkle Steine, Spieler 2 drei helle Steine.
3. Legt die Steine abwechselnd auf die Punkte. Jeder versucht, eine Mühle zu bekommen. Dafür müssen alle drei eigenen Steine in einer Reihe liegen.
4. Liegen alle Steine, dürft ihr abwechselnd je einen Stein einen Punkt weiterziehen, bis ihr eine Mühle habt. Gewonnen hat der, der zuerst eine Mühle hat.

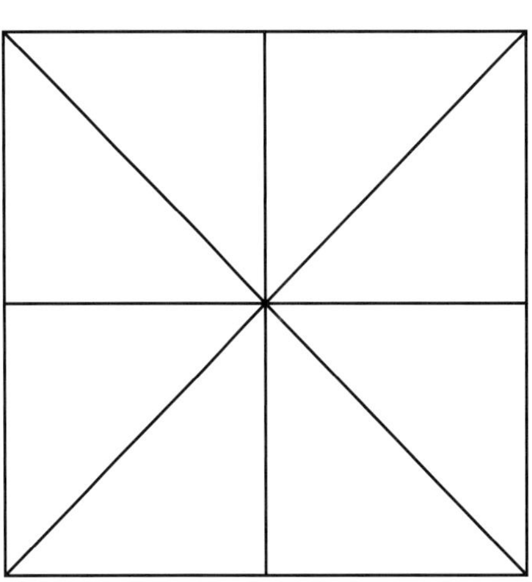

 © Verlag an der Ruhr | Autorin: Nina Wilkening | ISBN 978-3-8346-2736-0 | www.verlagruhr.de

Fernsehen

Sprachlicher Inhalt

Über Fernsehserien und Filme sprechen

Kompetenzerwartungen

Die Schüler können über ihre Vorlieben und Fernsehgewohnheiten berichten.

Materialliste/Vorbereitung

- KV „Fernseh-Fragebogen" in Klassenstärke kopiert
- KV „Das möchte ich sehen" in Klassenstärke kopiert
- KV „Das möchte ich sehen" einmal als Lösungsblatt kopiert und ausgefüllt

Stundenverlauf

Einstieg (ca. 15 – 20 Min.)

Schreiben Sie das Thema der Stunde „Fernsehen" an die Tafel. Bitten Sie die Kinder, davon zu berichten, wann, wie oft, wie lange und was sie gern sehen.

Kommen Sie darauf zu sprechen, dass es unterschiedliche Sendungen gibt (Filme, Nachrichten, Serien, Unterhaltungsshows, Reportagen …).

Bitten Sie die Schüler, ihre Lieblingssendungen und Lieblingsfilme zu nennen, und listen Sie diese an der Tafel auf. Fragen Sie bei einigen Sendungen und Filmen nach, worum es geht, damit die Kinder ins Sprechen kommen und damit auch die Kinder, die die Sendungen und Filme nicht kennen, dies erfahren.

Arbeitsphase (ca. 15 – 20 Min.)

Zeigen Sie den Schülern die drei verschiedenen KV. Zunächst soll jeder den Fernseh-Fragebogen ausfüllen. Im Anschluss bearbeiten die Schüler das Arbeitsblatt „Das möchte ich sehen". Die Aufgaben werden in Einzel- oder Partnerarbeit gelöst und anhand der Lösungsblätter selbstständig kontrolliert.

Abschluss/Reflexion (ca. 5 – 10 Min.)

Treffen Sie sich mit den Schülern im Stuhlkreis. Die Schüler bringen ihre Fernseh-Fragebögen mit und stellen sie vor.

Erörtern Sie abschließend gemeinsam die Frage 5 von KV „Das möchte ich sehen (2/2)" unter dem Aspekt, wie viel Fernsehzeit für einen Zweitklässler angemessen bzw. zu viel ist.

Fernseh-Fragebogen

1. Fülle den Fragebogen aus.
Kreuze an, schreibe und male.

Ich sehe ☐ täglich ☐ oft ☐ nicht so oft fern.

Mir ist fernsehen ☐ wichtig ☐ nicht wichtig.

Ich sehe am liebsten:
☐ Wissenssendungen ☐ Filme ☐ Nachrichten ☐ Shows
☐ Sportsendungen ☐ Serien

2. Male oder schreibe zu deiner Lieblingssendung.
Meine Lieblingssendung ist:

....

....

....

....

....

© ILYA AKINSHIN – Fotolia.com

3. Male oder schreibe zu deinem Lieblingsfilm.
Mein Lieblingsfilm ist:

....

....

....

....

....

© ILYA AKINSHIN – Fotolia.com

Das möchte ich sehen (1/2)

Die Kinder der Klasse 2 überlegen am Freitag, welche Filme und Serien sie am Wochenende sehen möchten.

1. **Lies, was die Kinder sehen möchten.**
2. **Sieh dir das Fernsehprogramm auf Seite (2/2) an. Schreibe in die Lücken, wann die Sendung im Fernsehen läuft.**
3. **Rechne aus, wie lange die Sendungen dauern.**

© akulamatiau - Fotolia.com

Mariati

Ich will an allen drei Tagen das Sandmännchen sehen. Das kommt immer von .... Uhr bis .... Uhr. Es dauert .... Minuten.

Ich freue mich schon auf den Film „Ice Age“. Er beginnt am .... um .... Uhr und endet um .... Uhr. Er dauert also .... Stunden und .... Minuten.

© Digitalpress - Fotolia.com

Ayse

© paulmz - Fotolia.com

Djamal

Meine Lieblingssendung heißt „Eins, zwei oder drei.“ Sie kommt am .... von .... Uhr bis .... Uhr. Sie dauert .... Minuten.

Ich schaue jeden Abend die Serie „Der kleine Prinz“ und die „Kindernachrichten“. Zusammen dauert alles ....

© verkoka - Fotolia.com

Murat

 © Verlag an der Ruhr | Autorin: Nina Wilkening | ISBN 978-3-8346-2736-0 | www.verlagruhr.de

Das möchte ich sehen (2/2)

Das Fernsehprogramm vom Wochenende

Freitag	Samstag	Sonntag
10.00 Die Sesamstraße 12.00 Kinder-nachrichten 12.05 Hexe Lilli 12.40 Siebenstein 18.50 Sandmännchen 19.00 Der kleine Prinz 19.25 Kinder-nachrichten 19.30 **Film:** Ice Age 21.00 Sendeschluss	10.00 Die Sesamstraße 12.00 Kinder-nachrichten 12.05 Eins, zwei oder drei 12.40 Siebenstein 18.50 Sandmännchen 19.00 Der kleine Prinz 19.25 Kinder-nachrichten 19.30 **Film:** Spider Man 21.00 Sendeschluss	10.00 Die Sesamstraße 11.30 Die Sendung mit der Maus 12.00 Kinder-nachrichten 12.05 **Film:** Das Sams in Gefahr 18.50 Sandmännchen 19.00 Der kleine Prinz 19.25 Kinder-nachrichten 19.30 **Film:** Cars 21.00 Sendeschluss

4. Wer hat am meisten ferngesehen? Wie lange?

....

5. Findest du, dass das zu lange ist für ein Kind in der 2. Klasse? Schreibe deine Meinung und begründe sie.

....

....

6. Du darfst 1 Stunde und 30 Minuten fernsehen. Welche Sendungen würdest du aus dem Fernsehprogramm wählen?

....

....

Einkaufen am Kiosk

Sprachlicher Inhalt

Um Auskunft bitten, Auskunft erteilen, Phrasen „Ich möchte bitte …", „Was kostet …?", „Das kostet …/ Das macht …"

Kompetenzerwartungen

Die Schüler sind in der Lage, Preise zu erfragen und eine Preisauskunft zu erteilen und im Rollenspiel eine Einkaufssituation nachzustellen.

Materialliste

- KV „Am Kiosk", 1-mal groß kopiert
- 1 Flasche
- KV „Emre kauft ein", im Klassensatz kopiert (Schneiden Sie für schwache Schüler die drei unteren Streifen ab.)
- KV „Emre kauft ein", 2-mal kopiert und in leichter und schwieriger Variante als Lösungsblatt bearbeitet
- pro Schüler ein Blanko-Papier, auf das die Puzzlestreifen geklebt werden
- optional: Lebensmittel, die auf der KV „Am Kiosk" abgebildet sind, Realien oder Kaufmannsladen-Lebensmittel; Spielgeld

Stundenverlauf

Einstieg (ca. 10 – 15 Min.)

Hängen Sie das groß kopierte Bild „Am Kiosk" als stummen Impuls an die Tafel. Lassen Sie die Schüler sich frei dazu äußern. Stellen Sie evtl. einen aktuellen Bezug her (z. B. im Sommer zum Kiosk im Freibad), falls die Schüler dies nicht von selbst tun.

Treffen Sie sich mit den Schülern im Sitzkreis auf dem Boden. Legen Sie eine Flasche in die Mitte und sagen Sie: „Wie viel kostet eine Portion Pommes frites?".

Drehen Sie die Flasche. Das Kind, auf das die Flasche am Ende zeigt, schaut auf das Bild und beantwortet die Frage. Nun stellt dieses Kind eine Frage und dreht die Flasche. Je nach den Erfahrungen der Kinder mit dem Rechnen mit Geld können Sie die Frage immer wieder verändern, z. B. „Wie viele … (z. B. Gummitiere) bekomme ich für einen Euro?"/„Wie viel kosten drei Kugeln Eis und eine Cola zusammen?" (mehrteilige Fragen).

Arbeitsphase (ca. 10 – 15 Min.)

Die Schüler arbeiten allein oder paarweise zusammen. Verteilen Sie ihnen die KV „Emre kauft ein" und die Blankoblätter. Die Kinder schneiden die Puzzleteile auseinander, sortieren sie, holen sich das Lösungsblatt zur Kontrolle und kleben die Puzzleteile in der richtigen Reihenfolge auf das Blanko-Blatt.

Im Anschluss arbeiten die Schüler paarweise. Sie sehen das Kiosk-Bild an der Tafel an und üben ein Rollenspiel ein, evtl. auch mit Realien.

Schüler, die bereits fertig sind, können sich nochmals, wie beim Flaschendrehen, Fragen stellen.

Abschluss/Reflexion (ca. 15 – 20 Min.)

Besprechen Sie mit den Schülern die KV „Emre kauft ein".

Fordern Sie die Kinder auf, ihre Rollenspiele vorzuführen. Die Zuschauer erhalten den Hörauftrag, sich zu merken, was gekauft wurde, und ggf. zu überprüfen, ob richtig zusammengerechnet wurde.

Sollten Sie noch Zeit übrig haben, können Sie nochmals das Spiel „Flaschendrehen" spielen.

Am Kiosk

Abb.: Anja Boretzki

Emre kauft ein

1. **Schneide die Streifen aus und sortiere sie richtig.** 
   Achtung: Es kann auch 2-mal hintereinander dieselbe Person sprechen.
2. **Kontrolliere mit dem Lösungsblatt.**
3. **Klebe die Streifen auf dein leeres Blatt.** 

Emre: „Hallo."

Emre: „Ich möchte bitte drei Gummitiere und eine Kugel Eis."

Verkäufer: „Drei Gummitiere kosten 30 Cent."

Emre: „Tschüss."

Verkäufer: „Das macht dann 1 Euro neunzig."

Emre: „Wie viel kosten drei Gummitiere?"

Verkäufer: „Hier ist dein Wechselgeld: 10 Cent. Tschüss."

Emre: „Hier sind meine zwei Euro. Bitte."

Emre: „Und wie viel kostet eine Kugel Eis?"

Verkäufer: „Eine Kugel Eis kostet 1 Euro."

Verkäufer: „Hallo. Was möchtest du?"

 ISBN 978-3-8346-2736-0 | www.verlagruhr.de

Wir kennen Verkehrszeichen

Wortschatz

Verkehr

Überblick

Diese zweistündige Mini-Einheit dient zur Unterstützung der Mobilitätserziehung. Verkehrszeichen sind für Kinder recht abstrakt. Die Bedeutung von Begriffen wie „Vorfahrtsstraße“, „Vorfahrt gewähren“ und „Sackgasse“ lassen sich schlecht ableiten oder mit Eselsbrücken merken. Hier gilt es durch häufiges, abwechslungsreiches Wiederholen die Begriffe und deren Bedeutung einzuprägen, damit sie in der Verkehrserziehung angewendet werden können.

Weiterführende Ideen

- Machen Sie einen Spaziergang in der Schulumgebung und schauen Sie sich gemeinsam die Verkehrsschilder an. Bitten Sie die Kinder, deren Bedeutung zu nennen und das passende Verhalten vorzuspielen.
- Bauen Sie in der Turnhalle oder auf dem Pausenhof mit Seilen oder Kreide einen Verkehrsparcours auf. Die Schüler gehen Wege als Fußgänger ab oder fahren als Autofahrer auf Straßen. Legen Sie vergrößerte Verkehrsschilder auf den Boden. Beteiligen Sie die Kinder unbedingt am Entwerfen des Parcours und an den Überlegungen, an welche Stelle welches Schild platziert werden muss. Wenn Sie auf dem Pausenhof sind, können Sie die Schilder auch mit Kreide auf den Boden malen.
- Fragen Sie die Kinder, ob Sie Autoteppiche zu Hause haben und mitbringen können. Spielen Sie den Verkehr mit Spielzeug-Autos nach. Fordern Sie die Kinder auf, an den Kreuzungen darüber zu sprechen, wie man sich verhalten muss.
- Kopieren Sie Verkehrsrätsel etc. und legen Sie diese als Lerntheke aus. Immer zwei Kinder arbeiten gemeinsam und sprechen über die Situationen und Lösungen.

25. Wir kennen Verkehrszeichen 1

Sprachlicher Inhalt

Festigung des Wortschatzes „Verkehrszeichen"

Kompetenzerwartungen

Die Schüler kennen die Bezeichnung und Bedeutung ausgewählter Verkehrszeichen.

Materialliste/Vorbereitung

- KV „Verkehrszeichen", 1-mal groß kopiert, Karten ausgeschnitten, Bezeichnung nach hinten geklappt
- KV „Verkehrszeichen", so oft in DIN A4 kopiert, dass jedes Kind ein Kärtchen bekommt, Karten ausgeschnitten, Bezeichnung nach hinten geklappt
- KV „Verkehrszeichen-Domino", in Klassenstärke kopiert
- KV „Verkehrszeichen-Domino" 1- bis 3-mal kopiert, als Lösungsblätter

Stundenverlauf

Einstieg (ca. 20 Min.)

Hängen Sie die groß kopierten Verkehrszeichen-Karten als stummen Impuls nebeneinander an die Tafel. Die Schüler äußern sich. Nennt ein Kind die richtige Bezeichnung eines Schildes, klappen Sie die Bezeichnung nach vorn. Fordern Sie die Schüler auf, zu erklären, worauf man bei den Schildern achten muss.

Wenn alle Bezeichnungen aufgeklappt sind, bitten Sie alle zu einem Stehkreis vor die Tafel. Zeigen Sie auf das erste Schild und lesen Sie die Bezeichnung vor. Ihr linker Nachbar tut das Gleiche mit dem zweiten Schild. Wurden alle Schilder genannt, setzt sich das Kind, das nun dran wäre, auf den Boden. Der Nächste beginnt wieder mit dem ersten Schild. Dies geht so lange, bis nur noch ein Kind übrig ist.

Spielen Sie das Spiel „Kartentausch". Verteilen Sie die kleinen Klappkarten an die Kinder. Die Kinder laufen durch den Raum und treffen auf andere. Sie zeigen ihre Klappkarte und fragen „Was bedeutet dieses Schild?" Das andere Kind nennt die Bezeichnung und erklärt die Bedeutung. Nun befragt das zweite Kind das erste. Anschließend werden die Karten getauscht. Brechen Sie diese Phase ab, wenn ca. 20 Min. der Unterrichtsstunde vergangen sind.

Arbeitsphase (ca. 15 – 20 Min.)

Verteilen Sie den Schülern die KV „Verkehrszeichen-Domino". Jeder schneidet seine Karten aus (und kann sie anschließend mit nach Hause nehmen). Immer zwei Schüler spielen gemeinsam mit einem Kartensatz. Die Karten werden gleichmäßig an beide Spieler verteilt. Ein Schüler beginnt und legt eine Karte ab, dies muss nicht die START-Karte sein. Er benennt das Schild und erklärt dessen Bedeutung. Der andere versucht, anzulegen. Das Spiel ist zu Ende, wenn alle Karten in der richtigen Reihenfolge liegen. Die Schüler können anhand des Lösungsblattes überprüfen, ob die Karten richtig liegen. Schnelle Schülerpaare spielen eine weitere Runde.

Wichtig: Gehen Sie während der Phase zu den einzelnen Paaren und achten Sie darauf, dass auch wirklich gesprochen wird.

Abschluss/Reflexion (ca. 5 – 10 Min.)

Spielen Sie das Spiel „Mannschaftskampf". Die Kinder stellen sich in zwei Reihen nebeneinander vor Ihnen auf. Die jeweils vordersten Schüler spielen gegeneinander. Zeigen Sie ihnen ein Verkehrsschild (die Bezeichnung ist weggeklappt). Wer zuerst die Bezeichnung ausruft, gewinnt und nimmt den Verlierer in seine Mannschaft mit. Beide stellen sich in der Gewinnermannschaft hinten an. Das Spiel ist zu Ende, wenn es nur noch eine Mannschaft gibt. Oder Sie brechen das Spiel nach einer bestimmten Zeit ab; dann gewinnt die Mannschaft mit mehr Spielern.

Verkehrszeichen

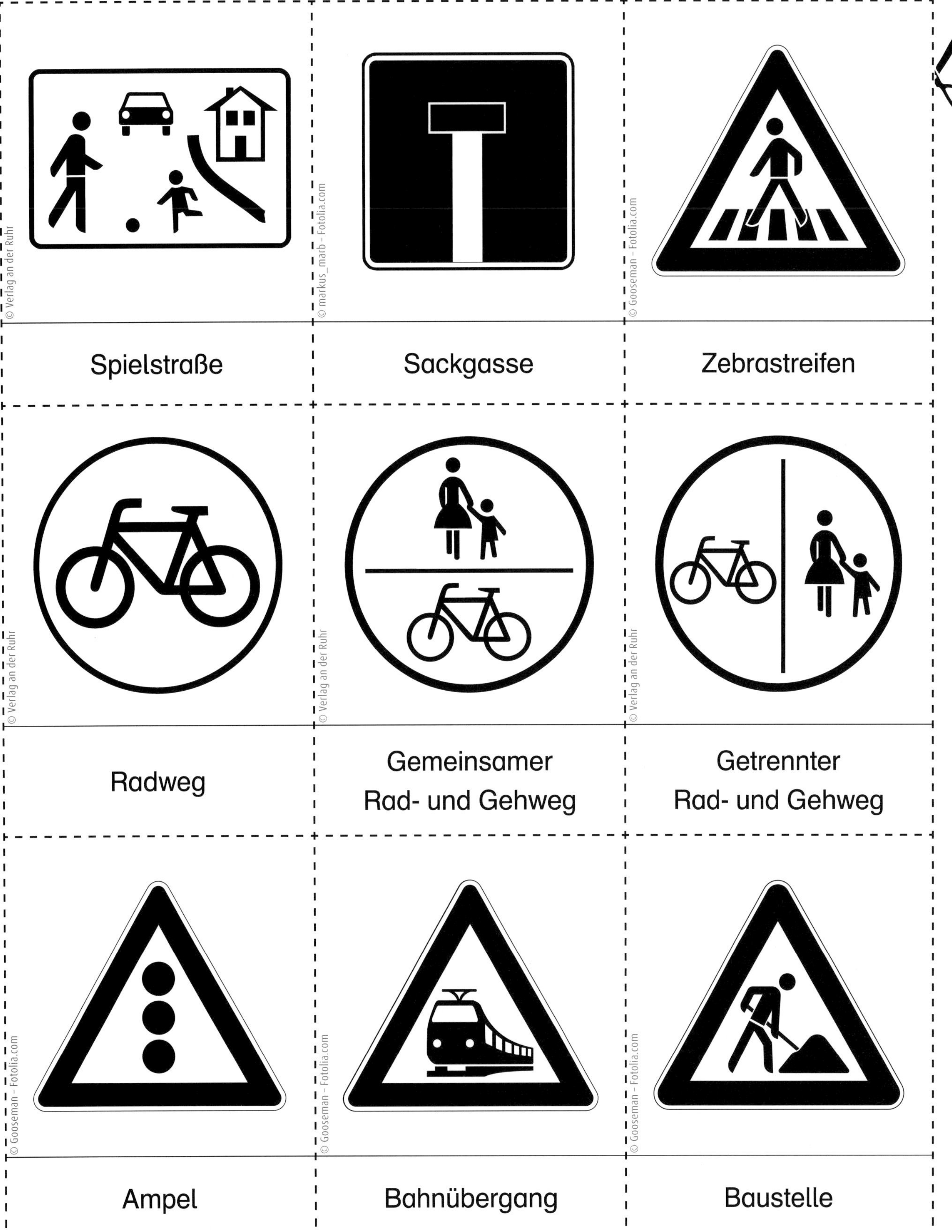

Verkehrszeichen-Domino

START		Zebrastreifen	
Ampel		Radweg	
Bahnübergang		Sackgasse	
Getrennter Rad- und Gehweg		Baustelle	
Gemeinsamer Rad- und Gehweg		Spielstraße	ENDE

© Verlag an der Ruhr | Autorin: Nina Wilkening | ISBN 978-3-8346-2736-0 | www.verlagruhr.de

Wir kennen Verkehrszeichen 2

Sprachlicher Inhalt

Festigung des Wortschatzes „Verkehrszeichen"

Kompetenzerwartungen

Die Schüler kennen die Bezeichnung und Bedeutung ausgewählter Verkehrszeichen

Materialliste/Vorbereitung

- KV „Kreuzworträtsel – Verkehrszeichen", in Klassenstärke kopiert
- KV „Kreuzworträtsel – Verkehrszeichen", 1-mal kopiert und ausgefüllt (Lösungsblatt)
- KV „Verkehrszeichen" (S. 95) 1-mal kopiert und Schilder ausgeschnitten, Begriffe abgeschnitten oder weggeklappt

Stundenverlauf

Einstieg (ca. 5 Min.)

Spielen Sie zur Wiederholung das Spiel „Kartentausch" (Spielbeschreibung: s. Stunde 25, Einstieg). Achten Sie darauf, dass die Schüler die Bedeutung der Zeichen erklären und nicht nur die Bezeichnung nennen.

Arbeitsphase (ca. 25 – 30 Min.)

Die Schüler lösen das Kreuzworträtsel und vergleichen es mit dem Lösungsblatt.

Haben Sie sehr schnelle Kinder in der Klasse, können diese nochmals das Domino aus der Stunde 25 spielen. Da nicht vorausgesetzt werden kann, dass alle ihr Domino dabeihaben, sollten Sie ein oder zwei Exemplare mitbringen.

Abschluss/Reflexion (ca. 10 – 15 Min.)

Spielen Sie zum Abschluss das Spiel „Das Haus vom Nikolaus". Wählen Sie ein Verkehrszeichen aus (z. B. Ampel) und ziehen Sie für jeden Buchstaben des Wortes einen waagerechten Strich an der Tafel („_ _ _ _ _"). Fordern Sie die Kinder auf, Ihnen Buchstaben zu nennen. Enthält das Wort einen der genannten Buchstaben, schreiben Sie diesen auf den jeweiligen Strich (z. B. Ein Kind sagt: „A", dann schreiben Sie: „A _ _ _ _"). Wird ein Buchstabe genannt, der nicht im Wort vorkommt (z. B. „O"), malen Sie einen Teil des „Haus des Nikolaus" an die Tafel. Erraten die Schüler das Wort, bevor das Haus fertig gemalt ist, bekommt die Klasse einen Punkt. Wird das Haus fertiggestellt, bekommen Sie einen Punkt.

Kreuzworträtsel – Verkehrszeichen

Löse das Kreuzworträtsel. Die Wörter unten helfen dir.

Achtung: Schreibe ss statt ß.

Ampel

Bahnübergang

Sackgasse

Baustelle

Zebrastreifen

Radweg

Spielstraße

© Verlag an der Ruhr | Autorin: Nina Wilkening | ISBN 978-3-8346-2736-0 | www.verlagruhr.de

Mini-Einheit: Wir planen ein Picknick

Wortschatz

Feste, Wetter, Obst und Gemüse, Phrasen: „Ich packe ... in meinen Koffer"

Grammatikthemen

Komposita mit „Sonne-" und „Regen-", Adjektive (passend zu Wetter, Obst und Gemüse) s. a. S. 105

Sonstige sprachliche Inhalte

Über Feste, das Wetter, Ausflüge sprechen, Vorlieben und Abneigungen äußern, Einladungen schreiben

Überblick

Diese Einheit sollte am Ende des 2. Schuljahres durchgeführt werden. In den vorgestellten Stunden (**Stunde 27 – Stunde 29**) planen Sie gemeinsam mit den Schülern ein (wetterunabhängiges) Picknick, das dann auch tatsächlich stattfinden sollte. Das Picknick kann z. B. in der vorletzten Stunde Ihres gemeinsamen Unterrichts stattfinden.

Die **Picknickstunde** selbst wird hier nicht beschrieben, könnte aber folgendermaßen ablaufen:

- Sie treffen sich mit den Schülern im Klassenzimmer und bereiten Sie gemeinsam Obst- und Gemüsespieße zu. Die Schüler schneiden in Kleingruppen die mitgebrachten Früchte in kleine Stücke und stecken diese bunt gemischt auf Zahnstocher/Schaschlikspieße. **Zahnstocher oder Schaschlikspieße müssen Sie für diese Stunde noch mitbringen!** Die Mitbringliste für Obst und Gemüse wird in Stunde 29 ausgefüllt und verteilt.
- Im Anschluss daran essen Sie gemeinsam im Klassenzimmer oder auf dem Pausenhof die Spieße. Schön ist es, wenn Sie eine Picknickdecke mitbringen, auf die sich alle setzen können.
- Wenn noch Zeit übrig ist, können Sie mit den Kindern die Gruppenspiele von Stunde 22 spielen. Dies geht sowohl im Klassenzimmer als auch auf dem Pausenhof.

Die letzte Stunde ist dann dem Thema **„Ferien"** (s. **Stunde 30**) gewidmet.

Hierbei sind die Zusammensetzung Ihrer Lerngruppe und der Wohnort zu beachten. Beantworten Sie für sich folgende Fragen im Vorfeld:

- Kommen die meisten Kinder aus Familien, die es sich leisten können, in den Ferien zu verreisen, oder werden die meisten Kinder vermutlich zu Hause bleiben?
- Liegt Ihr Schulort in der Nähe der Berge oder der Nord- oder Ostsee?

Wählen Sie die Realien entsprechend und lenken Sie die Gespräche entweder so, dass schwache Kinder den regionalen Bezug bekommen oder dass starke Kinder Lernzuwachs über den regionalen Bezug hinaus erlangen.

Weiterführende Ideen

Wir planen ein Picknick – bei jedem Wetter!

- Drucken Sie aus dem Internet aktuelle Wetterberichte aus den Herkunftsländern der Kinder bzw. ihrer Eltern aus und vergleichen Sie das dortige Wetter mit dem hiesigen.
- Wenn Sie leistungsstarke Kinder haben, können Sie auch Wettervorhersagen für Länder auf der Südhalbkugel wählen und den Kindern den Unterschied zwischen Nordsommer und Südsommer erklären.

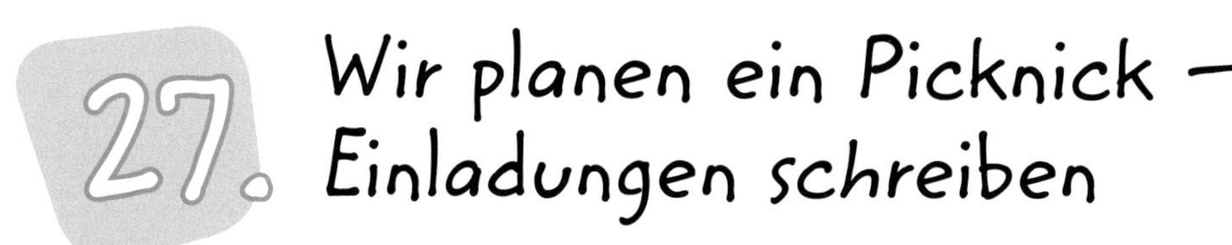

27. Wir planen ein Picknick – Einladungen schreiben

Sprachlicher Inhalt

Wortschatz „Feste", Einladungen schreiben

Kompetenzerwartungen

Die Schüler kennen Feste, die in Deutschland gefeiert werden. Sie können von Festen, die sie zu Hause feiern, berichten. Die Schüler kennen den Aufbau und Inhalt einer Einladung.

Materialliste/Vorbereitung

- KV „Einladung zum Picknick", ggf. 1-mal auf OHP-Folie kopiert; Satzstreifen ausgeschnitten
- Overheadprojektor oder Dokumentenkamera
- KV „Feste feiern", 1-mal groß kopiert, Bilder ausgeschnitten
- KV „Feste feiern", in Klassenstärke kopiert
- ggf. Folienstift
- KV „Einladung zum Picknick", in Klassenstärke kopiert
- Scheren, Klebstoff
- pro Schüler ein DIN-A5-Briefumschlag, alternativ: Papier, mit dem die Schüler selbst einen Umschlag basteln können
- Lose mit den Namen der Kinder

Stundenverlauf

Einstieg (ca. 5 – 10 Min.)

Legen Sie die Einladung (KV, Einladungskasten) auf den OHP oder präsentieren Sie sie via Dokumentenkamera und zeigen Sie diese als stummen Impuls. Die Schüler äußern sich dazu. Bitten Sie die Schüler, Ihnen Feste zu nennen, zu denen man einladen kann (z. B. Weihnachten, Geburtstag, Einschulung, Kommunion, Sommerfest, Schulfest, Taufe). Halten Sie die Äußerungen in Form einer Mindmap an der Tafel fest. Hängen Sie die vergrößerten Bilder der Feste ungeordnet an die Tafel und bitten Sie die Schüler, diese an den richtigen Platz der Mindmap zu hängen.

Kommen Sie mit den Schülern ins Gespräch darüber, ob und wie die Feste bei den Schülern zu Hause gefeiert werden.

Lassen Sie die Mindmap für alle sichtbar während der Arbeitsphase stehen.

Arbeitsphase 1 (ca. 10 Min.)

Verteilen Sie die KV „Feste feiern". Schwächere Schüler schreiben nur den Namen des jeweiligen Festes unter das passende Bild, stärkere Schüler schreiben 1 – 3 Sätze dazu, z. B. wie gefeiert wird.

Arbeitsphase 2 (ca. 15 – 20 Min.)

Legen Sie die Satzstreifen auf den OHP oder präsentieren Sie diese via Dokumentenkamera. Bitten Sie die Schüler, die Satzstreifen in eine sinnvolle Reihenfolge zu bringen (Ort und Datum/Uhrzeit können in beliebiger Reihenfolge nacheinander gelegt werden.). Erklären Sie den Schülern, dass Sie vorhaben, mit Ihnen gemeinsam ein Picknick durchzuführen. Tragen Sie Datum, Uhrzeit und Ort des Picknicks ein.

Verteilen Sie die KV „Einladung zum Picknick" und lassen Sie jeden Schüler ein Los ziehen. Jeder schreibt eine Einladung für denjenigen Schüler, dessen Name auf dem Los steht. Im Anschluss können Briefumschläge gebastelt und die Einladungen verziert werden.

Abschluss/Reflexion (ca. 5 – 10 Min.)

Sammeln Sie alle Einladungen ein.

Falls Sie noch Zeit übrig haben sollten, sammeln Sie Ideen für Ihr Picknick. Notieren Sie sich diese Ideen.

Verteilen Sie am Ende der Stunde die Einladungen feierlich an die Schüler.

Feste feiern

Sicher feierst du auch gern Feste. Auf den Bildern siehst du einige von den Festen, die in Deutschland gefeiert werden.

1. **Schreibe auf die Linien, wie die Feste heißen und wie man feiert.**
2. **Male in das letzte Kästchen ein weiteres Fest, das du feierst.**
3. **Schreibe dazu.**

Abb.: Anja Boretzki

Abb.: Anja Boretzki

....

....

....

....

....

....

 © Verlag an der Ruhr | Autorin: Nina Wilkening | ISBN 978-3-8346-2736-0 | www.verlagruhr.de

Einladung zum Picknick

1. Schneide die Satzstreifen unten aus. 
2. Sortiere sie richtig.
3. Klebe sie auf die Einladung.
4. Trage ein und schneide die Einladung aus.

Einladung

zu unserem Picknick	lade ich dich herzlich ein.
Datum:	Uhrzeit:
dein(e)	Ort:
Liebe(r)	Viele Grüße

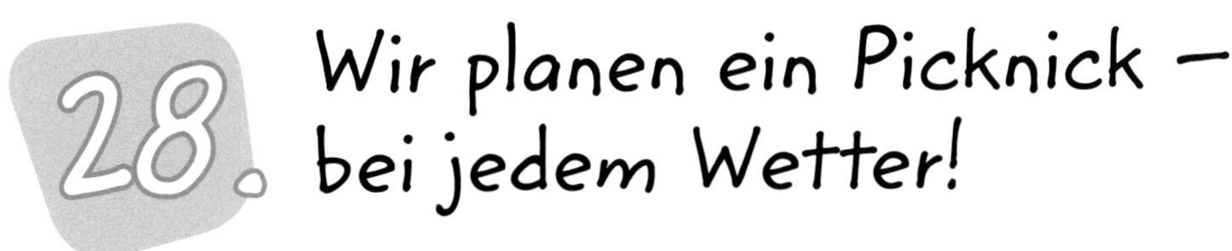

28. Wir planen ein Picknick – bei jedem Wetter!

Sprachlicher Inhalt

Wortschatz „Wetter“, über das Wetter sprechen („Heute ist es heiß“/„Gestern hat es geregnet.“), Komposita mit „Sonne(n)“ und „Regen“

Kompetenzerwartungen

Die Schüler können sich zum Wetter äußern und Ausrüstungsgegenstände passend auswählen. Sie können Komposita mit „Sonne(n)“ und „Regen“ bilden

Materialliste/Vorbereitung

- aktueller Wetterbericht für die nächsten 3–5 Tage für Ihre Stadt/Region (aus der Zeitung oder aus dem Internet), ggf. größer kopiert
- KV „Wir planen ein Picknick – bei jedem Wetter!“, in Klassenstärke kopiert
- Scheren und Klebstoff
- KV „Wir planen ein Picknick – bei jedem Wetter!“, 1-mal kopiert und bearbeitet als Lösungsblatt
- KV „Sonnenwörter und Regenwörter“, in Klassenstärke kopiert

Stundenverlauf

Einstieg (ca. 10 Min.)

Treffen Sie sich mit den Schülern im Kinositz. Nennen Sie den Kindern das Thema der Stunde: „Heute wollen wir über das Wetter sprechen.“ Erstellen Sie an einer Tafelseite einen Wortspeicher (Wortliste). Bitten Sie dazu die Schüler, Ihnen Begriffe rund ums Thema „Wetter“ zu nennen (z. B. bewölkt, regnerisch, Windstärken, Gewitter, schwül, heiß etc.). Ergänzen Sie ggfs., sodass die Schüler gut vorbereitet sind, um anschließend die Wettervorhersagen der kommenden Tage richtig beschreiben zu können.

Fragen Sie, wie das Wetter in den vergangenen Tagen war und am aktuellen Tag ist. Lassen Sie Vermutungen anstellen, wie das Wetter in den kommenden Tagen sein wird.

Hängen Sie den Wetterbericht für Ihre Stadt/Region an die Tafel und bitten Sie die Schüler, abzulesen, wie das Wetter in den nächsten Tagen werden soll. Verweisen Sie ggf. auf den Wortspeicher.

Arbeitsphase (ca. 25–30 Min.)

Leiten Sie zur Arbeitsphase über, indem Sie die Verbindung zum geplanten Picknick ziehen: „Ihr wisst ja, dass wir ein Picknick machen möchten. Ganz wichtig ist, dass wir das Wetter dabei bedenken, damit wir wissen, welche Ausrüstung wir brauchen.“ Geben Sie den Schülern Gelegenheit, sich zu äußern. Zeigen Sie das Arbeitsblatt „Wir planen ein Picknick – bei jedem Wetter“ und erklären Sie den Arbeitsauftrag oder lassen sie ihn von einem Kind erklären. Verweisen Sie auf das Lösungsblatt.

Zeigen Sie das Zusatz-Arbeitsblatt (KV „Sonnenwörter und Regenwörter“) und lassen Sie den Arbeitsauftrag erklären.

Abschluss/Reflexion (ca. 10–15 Min.)

Bitten Sie die Schüler, die Sonnenwörter und Regenwörter zu nennen und zu erklären.

Sollten Sie noch Zeit übrig haben, spielen Sie mit den Kindern das Spiel „Ich packe meinen Koffer“ in etwas abgewandelter Form: Spielen Sie eine Runde „Ich packe meinen Picknickkorb bei schönem Wetter“ und eine Runde „Ich packe meinen Picknickkorb bei schlechtem Wetter“.

Wir planen ein Picknick – bei jedem Wetter!

1. **Sieh dir die Wettervorhersage an.**
2. **An welchem Tag würdest du das Picknick planen? Male den Tag an.**
3. **An welchem Tag brauchst du welche Ausrüstung? Schneide die Karten aus. Klebe sie zum passenden Tag.**

Montag	Dienstag	Mittwoch	Donnerstag	Freitag
14° bewölkt Regenrisiko 44 %	**23°** heiter Regenrisiko 10 %	**27°** heiter Regenrisiko 5 %	**29°** gewittrig Regenrisiko 69 %	**16°** regnerisch Regenrisiko 85 %

ISBN 978-3-8346-2736-0 | www.verlagruhr.de

Sonnenwörter und Regenwörter

1. **Bilde im Kopf zusammengesetzte Wörter mit „Sonne“ und „Regen“.**
   Beispiel: Sonnen-hut, Regen-schauer

2. **Male alle Sonnenwörter gelb an, alle Regenwörter blau.**
   Achtung: Male die beiden Wörter „-schirm“ erst zum Schluss an!

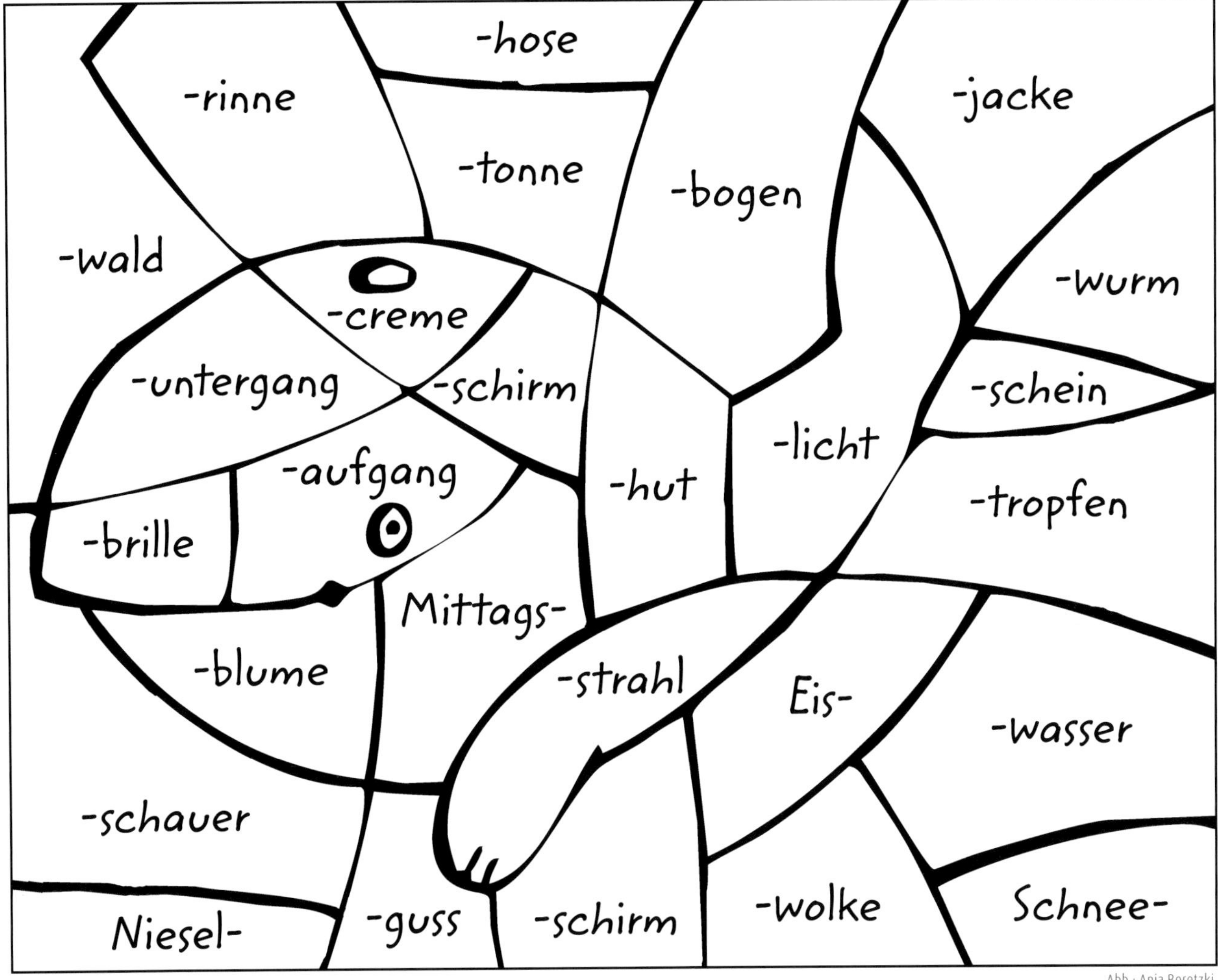

Abb.: Anja Boretzki

3. ***Zusatzaufgabe: Schreibe die zusammengesetzten Wörter in dein Heft oder auf ein Schreibblatt.**
   Achtung: Sprich die Wörter ganz genau, bevor du sie aufschreibst. Denke daran: Bei den zusammengesetzten Wörtern mit „Sonne“ wird noch ein -n- drangehängt, bevor das zweite Wort kommt, zum Beispiel Sonne-n-hut.

 © Verlag an der Ruhr | Autorin: Nina Wilkening | ISBN 978-3-8346-2736-0 | www.verlagruhr.de

29. Wir planen ein Picknick – das wird lecker!

Sprachlicher Inhalt

Wortschatz „Obst und Gemüse“, Adjektive (süß, sauer, Farbadjektive), Vorgänge beschreiben, Vorlieben und Abneigungen äußern („Ich mag …“/„Mir schmeckt …/ schmeckt … nicht.“)

Kompetenzerwartungen

Die Schüler festigen den Wortschatz „Obst und Gemüse“. Die Schüler können Obst- und Gemüsesorten sowie deren Geschmack beschreiben und ihre Vorlieben und Abneigungen ausdrücken.

Materialliste/Vorbereitung

- **ca. 1 – 2 Wochen vorher: Geben Sie die KV „Elternbrief“ aus!** (Die KV „Mitbringliste“ wird am Ende dieser Stunde benötigt!)
- für alle Schüler ausreichend kleingeschnittene Kostproben von insgesamt ca. 8 oder 16 verschiedenen Obst- und Gemüsesorten in kleinen Schälchen (z. B. Gurke, Paprika, Tomate, Radieschen; je nach Saison: Beeren, Kirschen, Ananas, Banane, Apfel)
- für jede Sorte ein kleines Standschild
- zusätzlich für jede Obst- und Gemüsesorte eine ganze Frucht (dies können alternativ auch Plastikfrüchte sein)
- KV „Geschmackstest Obst und Gemüse“, 1-mal in Klassenstärke bei 8 Sorten, 2-mal in Klassenstärke bei 16 Sorten

Tipp: Haben Sie in Ihrer Klasse hauptsächlich Kinder mit geringen Deutschkenntnissen, sollten Sie wenige, aber bekannte Sorten wählen. Wenn die Kinder gut Deutsch sprechen, sollten Sie neben den bekannten Sorten auch den Kindern eher weniger bekannte Sorten (z. B. Zucchini, Rettich, Mango, Kaki) wählen.

Stundenverlauf

Einstieg (ca. 10 – 15 Min.)

Treffen Sie sich mit den Schülern im Kinositz. Legen Sie die ganzen Früchte und das Gemüse auf einen Tisch. Die Schüler benennen sie und beschreiben deren Aussehen („Dies ist ein Apfel. Er ist grün und rund.“). Stellen Sie das passende Standschild dazu. Die Schüler sortieren die Sorten nach Obst bzw. Gemüse. Wenn Sie viele starke Schüler haben, können Sie zusätzlich nach „heimisch“ und „Importware“ sortieren lassen.

Arbeitsphase (ca. 15 – 20 Min.)

Verteilen Sie die KV „Geschmackstest Obst und Gemüse“. Verteilen Sie die Kostproben, jeweils zusammen mit den ganzen Früchten, auf mehrere Tische, sodass es später kein Gedränge gibt. Die Schüler gehen zu zweit alle Kostprobenstationen ab, malen die jeweilige Frucht und schreiben ihren Namen dazu. Sie probieren sie und besprechen mit ihrem Partner, wie sie schmeckt.

Abschluss/Reflexion (ca. 10 – 15 Min.)

Befragen Sie die Schüler nach ihren Erfahrungen beim Geschmackstest („Was hat euch gut geschmeckt? Was hat euch weniger gut geschmeckt? Welche Sorten waren für euch neu?“).
Schreiben Sie die Namen aller Sorten an die Tafel.
Verteilen Sie den Schülern die KV „Mitbringliste“. Füllen Sie diese gemeinsam mit den Kindern aus und legen Sie fest, wer welches Obst bzw. Gemüse mitbringt und in welcher Menge. Sinnvoll ist es, dass mindestens zwei Kinder das gleiche Obst bzw. Gemüse mitbringen, falls ein Kind es vergisst. Sollte bei den Rückmeldungen der Kinder deutlich werden, dass eine Obst- oder eine Gemüsesorte keinem geschmeckt hat, sollten Sie diese weglassen.

Spielen Sie zum Abschluss mit den Kindern „Obst-und-Gemüse-Raten“. Beginnen Sie, indem Sie ein Rätsel stellen, z. B. „Mein Obst ist gelb, hat eine harte Schale und sein Saft schmeckt sauer.“ (Zitrone)

Kopiervorlage

Elternbrief

Datum: ....

Liebe Eltern,

ich möchte mit Ihrem Kind am .... Obst und Gemüse essen.
Dazu muss ich wissen, ob Ihr Kind eine Allergie hat.

☐ **Ja**, mein Kind ....

ist allergisch gegen ....

☐ **Nein**, mein Kind .... ist nicht allergisch.

Vielen Dank!
Mit freundlichen Grüßen

....

Kopiervorlage

Mitbringliste

Datum: ....

Liebe Eltern,

am .... möchte ich mit der Klasse .... Obst und Gemüse essen.

Bitte geben Sie Ihrem Kind dafür mit:

- 1 Schneidebrettchen
- 1 Küchenmesser
- 1 Schüssel
- 1 Teelöffel
- Obst: ....
  ....
- Gemüse: ....
  ....
  (bitte nicht geschnitten)
- außerdem: ....
  ....

Vielen Dank und mit freundlichen Grüßen

....

Geschmackstest Obst und Gemüse

....

☐ Obst ☐ Gemüse

schmeckt:

☐ süß ☐ sauer ☐ bitter

Mir schmeckt das:

☐ ☺ ☐ ☹

....

☐ Obst ☐ Gemüse

schmeckt:

☐ süß ☐ sauer ☐ bitter

Mir schmeckt das:

☐ ☺ ☐ ☹

....

☐ Obst ☐ Gemüse

schmeckt:

☐ süß ☐ sauer ☐ bitter

Mir schmeckt das:

☐ ☺ ☐ ☹

....

☐ Obst ☐ Gemüse

schmeckt:

☐ süß ☐ sauer ☐ bitter

Mir schmeckt das:

☐ ☺ ☐ ☹

....

☐ Obst ☐ Gemüse

schmeckt:

☐ süß ☐ sauer ☐ bitter

Mir schmeckt das:

☐ ☺ ☐ ☹

....

☐ Obst ☐ Gemüse

schmeckt:

☐ süß ☐ sauer ☐ bitter

Mir schmeckt das:

☐ ☺ ☐ ☹

....

☐ Obst ☐ Gemüse

schmeckt:

☐ süß ☐ sauer ☐ bitter

Mir schmeckt das:

☐ ☺ ☐ ☹

....

☐ Obst ☐ Gemüse

schmeckt:

☐ süß ☐ sauer ☐ bitter

Mir schmeckt das:

☐ ☺ ☐ ☹

30. Endlich Ferien!

Sprachlicher Inhalt

Über Ferien sprechen, Phrase: „Ich packe … in meinen Koffer"

Kompetenzerwartungen

Die Schüler erweitern und festigen den Wortschatz „Kleidung und Utensilien für die Reise". Die Schüler können sich zu Urlaubsbildern äußern und von eigenen Ferienerlebnissen berichten.

Materialliste/Vorbereitung

- KV „Ich packe meinen Koffer (1/2)", 1-mal groß kopiert und Bilder ausgeschnitten
- ODER Realien (s. Bilder auf S. 110), z. B. gesammelt in einem Koffer oder einer Reisetasche
- KV „Ich packe meinen Koffer" (beide Seiten), 2-mal in Klassenstärke kopiert
- KV „Ich packe meinen Koffer"(beide Seiten), 2-mal kopiert und Bilder ausgeschnitten (bei einer großen Gruppe evtl. vergrößert)
- pro Schüler eine Folientasche, um die KV und die Bilder zu sammeln

Stundenverlauf

Einstieg (ca. 20 Min.)

Treffen Sie sich mit den Schülern im Sitzkreis. Stummer Impuls: Stellen Sie den Koffer/die Reisetasche in die Mitte des Kreises und packen Sie alle Gegenstände vor den Augen der Schüler aus. Wenn Sie mit den Bildern arbeiten, hängen Sie die Bilder an die Tafel und malen Sie daneben drei Koffer. Lassen Sie die Schüler sich zu den Gegenständen äußern, diese benennen und Vermutungen zum Stundeninhalt anstellen. Fordern Sie sie auf, die Gegenstände nach „Bergurlaub", „Strandurlaub", „Stadturlaub" zu sortieren – auf dem Boden bzw. an der Tafel in die drei gemalten Koffer. Achten Sie darauf, dass die Kinder beim Sortieren sprechen und ihre Auswahl begründen – einige Karten lassen sich variabel zuordnen.

Spielen Sie das Spiel „Ich packe meinen Koffer". Wenn Sie viele schwache Schüler in der Gruppe haben, bietet es sich an, dass jeder während des Spiels einen Gegenstand in die Hand nimmt, den er einpackt. Die anderen Schüler haben somit eine visuelle Hilfe und prägen sich Begriff und Bild des Gegenstandes gemeinsam ein.

Kommen Sie mit den Schülern ins Gespräch darüber, was sie in den Ferien vorhaben. Bleiben Sie bei Ihrer Fragestellung bewusst offen, sodass auch diejenigen Kinder, die nicht verreisen, kein schlechtes Gefühl bekommen.

Arbeitsphase (ca. 15 – 20 Min.)

Zeigen Sie den Kindern den ausgeschnittenen Koffer und die Bildkärtchen der KV „Ich packe meinen Koffer". Spielen Sie eine Runde mit einem Kind vor (s. u.).

Bitten Sie die Kinder, sich wieder auf ihre Plätze zu setzen, und verteilen Sie beide KV. Die Kinder spielen in Paaren. Jeder schneidet zunächst die Bilder aus. Anschließend stellen die Schüler einen Sichtschutz zwischen sich (z. B. den Ranzen). Schüler 1 legt fünf Gegenstände in seinen Koffer. Schüler 2 fragt: „Nimmst du eine Sonnenbrille mit?" Schüler 1 antwortet. Hat Schüler 2 richtig geraten, legt er das Sonnenbrillen-Kärtchen in seinen Koffer. Die Runde ist zu Ende, wenn Schüler 2 alle fünf Gegenstände erraten hat. Der Sichtschutz wird weggenommen und die Kinder vergleichen ihre Koffer. Danach ist Schüler 2 mit Kofferpacken dran.

Schwächere Kinder können sich gegenseitig diktieren, was sie in den Koffer packen. So müssen sie nur die Phrase „Ich packe … in meinen Koffer" aus dem Einstieg wiederholen. Sie packen drei bis fünf Gegenstände ein, diktieren diese dem Partner und vergleichen dann.

Abschluss/Reflexion (ca. 5 – 10 Min.)

Spielen Sie das Spiel „Haus vom Nikolaus" (vgl. S. 97) mit den Bezeichnungen der Gegenstände, die in den Koffer gepackt wurden. Alternativ können Sie auch als Wörter Orte und Freizeitaktivitäten (Zoo, Freibad, wandern) wählen, die man in den Ferien am Heimatort besuchen bzw. durchführen kann.

Ich packe meinen Koffer (1/2)

Abb.: Anja Boretzki

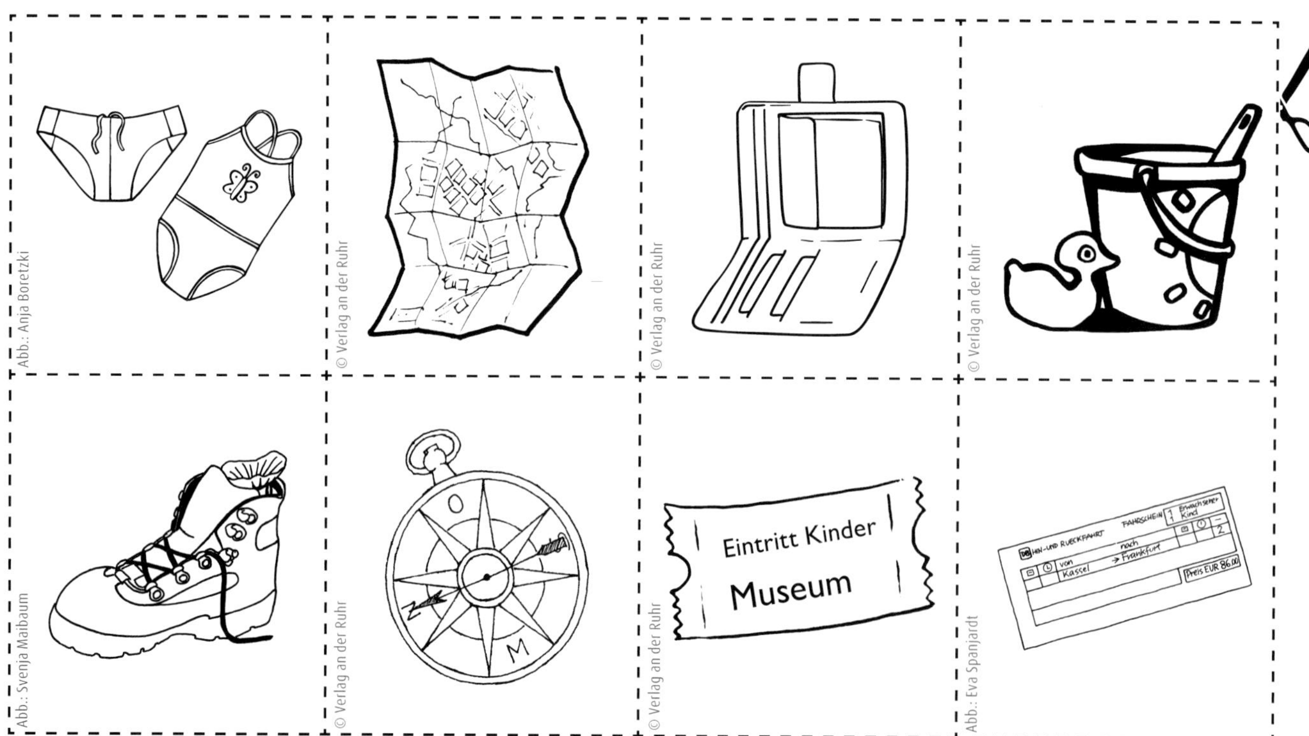

Abb.: Anja Boretzki
© Verlag an der Ruhr
© Verlag an der Ruhr
© Verlag an der Ruhr
Abb.: Svenja Maibaum
© Verlag an der Ruhr
© Verlag an der Ruhr
Abb.: Eva Spanjardt

© Verlag an der Ruhr | Autorin: Nina Wilkening | ISBN 978-3-8346-2736-0 | www.verlagruhr.de

Ich packe meinen Koffer (2/2)

 © Verlag an der Ruhr | Autorin: Nina Wilkening | ISBN 978-3-8346-2736-0 | www.verlagruhr.de